Literatura Infantil

José Nicolau Gregorin Filho

Literatura Infantil

Múltiplas linguagens na
formação de leitores

Editora Melhoramentos

Gregorin Filho, José Nicolau
  Literatura infantil: múltiplas linguagens na formação de leitores / José Nicolau Gregorin Filho. – São Paulo : Editora Melhoramentos, 2009.

  Edição revisada pelo Acordo Ortográfico da Língua Portuguesa – 1990
  ISBN 978-85-06-05967-8

  1. Literatura infantojuvenil – Ensino 2. Leitura – Meios de difusão. I. Título.

CDD-028.53

Índices para catálogo sistemático:

1. Literatura infantojuvenil – Hábitos de leitura   028.53
2. Interesse pela leitura – Literatura infantojuvenil   028.53
3. Leitura – Meios de difusão   028
4. Sugestões de leitura   028

José Nicolau Gregorin Filho licenciou-se em Letras pela Unimauá de Ribeirão Preto, onde exerceu diversos cargos até chegar a vice-reitor. Especializou-se em Linguística e Língua Portuguesa pela Unesp de Araraquara, onde se tornou Mestre e Doutor em Letras. Possui vários artigos e capítulos de livros publicados no Brasil e no exterior sobre suas pesquisas em Literatura Infantil e Juvenil. Parecerista ad hoc do Conselho Estadual de Educação de São Paulo. Atualmente, é docente da área de Literatura Infantil e Juvenil, docente e vice-coordenador do Programa de Pós-Graduação em Estudos Comparados de Literaturas de Língua Portuguesa da Universidade de São Paulo.

Edição revisada conforme o Acordo Ortográfico da Língua Portuguesa
Saiba o que mudou na ortografia brasileira com o *Michaelis Guia Prático da Nova Ortografia*, do professor Douglas Tufano, no site www.livrariamelhoramentos.com.br.

Capa: Estúdio Bogari
Projeto gráfico e diagramação: WAP Studio
© 2009 José Nicolau Gregorin Filho

Direitos de publicação:
© 2009 Editora Melhoramentos Ltda.

1.ª edição, 3.ª impressão, fevereiro de 2015
ISBN: 978-85-06-05967-8

Atendimento ao consumidor:
Caixa Postal 11541 – CEP 05049-970
São Paulo – SP – Brasil
Tel.: (11) 3874-0880
www.editoramelhoramentos.com.br
sac@melhoramentos.com.br

Impresso no Brasil

Àqueles que fazem da sala de aula
um projeto de vida e,
da leitura,
um caminho para a construção
de uma sociedade melhor.

"Se há um problema recorrente para a consciência artística moderna, é o problema da liberdade formal ou, mais precisamente, a liberdade de formar."
Alfredo Bosi

SUMÁRIO

Apresentação 9

1. A roupa infantil da literatura 15

2. Literatura infantil: breve percurso histórico 22

3. Concepção de infância e literatura infantil 38

4. Alguns conceitos importantes 44

5. Como analisar o texto literário para crianças 58

6. A literatura infantil na sala de aula 73

7. Literatura infantil e legislação 90

8. Avaliação das atividades de leitura 94

9. Considerações finais 98

10. Sugestões de leitura 100

11. Bibliografia 121

APRESENTAÇÃO

> A literatura infantil é, antes de tudo,
> literatura; ou melhor, é arte:
> fenômeno de criatividade que representa o mundo,
> o homem, a vida, através da palavra.
> Funde sonhos e a vida prática, o imaginário e o real,
> os ideais e sua possível/impossível realização...
> *Nelly Novaes Coelho*

Pensar nas crianças e na sua relação com os livros de literatura é pensar no futuro, e pensar no futuro é ter a responsabilidade de construir um mundo com menos espaço para a opressão das diferenças.

O presente livro não tem a pretensão de esgotar um assunto tão vasto e rico como a literatura infantil, mas pretende propor um diálogo com o professor e apontar alguns caminhos para que ele possa nortear o trabalho com esse envolvente tipo de texto em sala de aula, com breves reflexões acerca de sua gênese e história, já que a literatura infantil se tornou tão difundida e presente no cotidiano de milhares de crianças em diferentes partes do mundo.

Neste início de conversa, vale a pena lembrar que muitos são os termos utilizados em trabalhos científicos, na mídia e na própria escola, para designar as obras de literatura destinadas às crianças; adota-se, aqui, o termo literatura infantil, por ser o mais utilizado por professores e profissionais da educação.

Entenda-se que o adjetivo "infantil" não é utilizado para fazer referência a uma literatura menor, razão pela qual muitos autores e estudiosos são levados a criar novas terminologias para designá-la; apenas indica o público virtual de certo tipo de texto literário construído na atualidade por uma linguagem híbrida, formada em grande parte pela adição de texto verbal com textos visuais.

Quanto aos seus objetivos, este livro pretende:

a) dialogar com o educador de ensino fundamental para incentivar nele o hábito de promover atividades oriundas da leitura de textos desse gênero;

b) instrumentalizar o educador para que ele promova com o estudante de ensino fundamental a pesquisa e o contato com diferentes gêneros textuais de língua portuguesa visando ao (re)conhecimento de sua identidade cultural e ampliação de seu universo cultural;

c) fornecer subsídios teórico-práticos para que o educador possa promover com o estudante de ensino fundamental a pesquisa e o contato com diferentes culturas africanas e indígenas do Brasil para o reconhecimento de sua identidade cultural e ampliação de seu universo cultural;

d) promover, no âmbito escolar, a discussão sobre a pluralidade cultural do povo brasileiro, por meio das atividades de leitura, com o objetivo de ampliar a formação do profissional da educação;

e) ampliar a competência dos profissionais da educação no que se refere à análise e indicação de livros mais adequados para cada uma das diferentes etapas do processo de letramento.

Com esses objetivos delimitados e para esses diálogos com os colegas professores, utilizei como fontes primeiras de pesquisa os vários estudos realizados por mim desde o início de meu mestrado na Unesp de Araraquara e, posteriormente, no meu doutoramento, bem como outros estudos realizados para elaboração de pesquisas acadêmicas, palestras, cursos para professores e congressos, a fim de discutir pontos que acredito serem importantes para o educador que tem a responsabilidade de escolher livros para as crianças, já que em seus capítulos estão presentes as respostas formuladas por vários colegas por ocasião de cursos em escolas, universidades e secretarias de Educação em vários pontos do território nacional.

Estudar a literatura produzida para crianças e jovens não é tarefa fácil, atividade menos fácil ainda é trabalhar diretamente com as próprias crianças, estar atento ao seu gosto, saber ouvir suas opiniões sobre este ou aquele livro. Aí está a importância da discussão de alguns pontos teóricos sobre o tema, para que possamos estar mais bem preparados tanto para a escolha das obras como para o convívio com a criança leitora.

Se o mundo mudou, se hoje convivemos com novas tecnologias e um sem-fim de imagens que dialogam conosco na vida diária, seja em grandes painéis luminosos pelas avenidas, seja nos hipertextos da internet, é bastante natural que a postura das crianças perante o mundo que as rodeia seja também outra. Não podemos esperar leitores como aqueles do início do século XX, devemos mudar a maneira de ver as necessidades dessa criança leitora de mundo, leitora de múltiplos códigos e até mais competente com essas novas tecnologias do que nós mesmos.

Assim, pretendo discutir, embora de maneira breve, essas novas linguagens que agora fazem parte da natureza dos livros feitos para os pequenos e buscar diversos diálogos desses livros com a sociedade na qual estamos inseridos, tentando fazer da leitura de um livro o diálogo com o próprio universo que nos rodeia e no qual essa criança também será parte atuante e transformadora.

A utilização dos livros no contexto escolar não pode ser omitida, já que grande parte da produção de livros para criança encontra na escola um veículo de grandes dimensões. Pensando dessa maneira, foi desenvolvido um capítulo mais prático, no qual os elementos teóricos desenvolvidos nas partes anteriores são discutidos a fim de contribuir com o profissional nas atividades de ampliação da competência do aluno-leitor.

Nessas atividades, buscando soluções práticas e fáceis de desenvolver no ambiente da sala de aula, proponho um olhar mais atento a todas essas múltiplas linguagens construtoras da literatura infantil na sociedade. São poemas, pequenos trechos narrativos e sugestões de diálogos desses textos com aqueles outros textos nos quais os indivíduos já vivem imersos: o publicitário, o jornalístico, o cinema, entre outros.

Além das atividades de leitura na sala de aula, procuro discutir, ainda que de modo rápido e objetivo, critérios e instrumentos de avaliação para o trabalho com a leitura e a literatura infantil, questão sempre conflituosa para os professores.

Essas minhas experiências práticas e acadêmicas aqui colocadas serão somadas às experiências do professor nas suas atividades diárias neste país tão diversificado na sua cultura, além dos muitos outros diálogos que o próprio leitor-professor construirá com a imersão no universo deste texto.

Acredito, que poderemos realmente levar muitas crianças a ampliar e educar seus olhares para a literatura e para a arte, a se transformar em leitores plurais e, consequentemente, em cidadãos mais preparados para a vida em sociedade.

1. A ROUPA INFANTIL DA LITERATURA

Há algum tempo, a literatura infantil vem atraindo a atenção de estudiosos, de grandes grupos editoriais e do público de maneira geral. Mas uma pergunta se faz necessária quando temos como objetivo o estudo desse tipo de texto. O que é exatamente a literatura infantil?

O que se percebe é a existência de uma literatura que pode ser chamada de infantil apenas no nível de manifestação textual, isto é, no nível do texto em que o leitor entra em contato com as personagens, tempo, espaço, entre outros elementos textuais; percebe-se também que os temas não diferem dos temas presentes em outros tipos de texto que circulam na sociedade, como a literatura para adultos e o texto jornalístico, por exemplo. Isso também parece bastante claro, pois os valores discutidos na literatura para crianças são valores humanos, construídos através da longa caminhada humana pela história, e não valores que circulam apenas no universo infantil das sociedades contemporâneas.

Numa análise mais profunda dos recursos utilizados para a construção dessa estrutura mais superficial e concreta, isto é, do texto propriamente dito, verificam-se vários elementos escolhidos pelos narradores a fim de serem estipulados contratos de leitura entre enunciador/enunciatário com a finalidade de o texto "parecer" infantil e, assim, acreditar-se na existência da literatura infantil como gênero.

Os valores construtores da base temática do texto são remoldados num tratamento linear e compatível com um texto que se volta para um enunciatário (leitor) infantil.

Esse fato deve ser percebido não somente na construção do texto verbal, mas também, e de maneira mais marcante, na manifestação visual, muito utilizada nos livros voltados para a criança.

O texto não verbal (visual) se desenvolve com cenografias e figuras de modo a um compor o outro, e os dois (visual e verbal) constroem um único texto, apropriado ao fazer interpretativo do enunciatário.

Com a união desses dois planos de expressão[1] (visual e verbal) e dos dois planos de conteúdo (visual e verbal) inerentes à obra, temos:

$$\text{texto visual} = \frac{P.E.Vi}{P.C.Vi} \searrow$$

$$P.E.Vi + P.E.Ve = \frac{P.E.T}{P.C.T} = T$$

$$\text{texto verbal} = \frac{P.E.Ve}{P.C.Ve} \nearrow$$

---

[1] Note-se que as linguagens são formadas a partir da associação de expressão e conteúdo; cada expressão da linguagem (concretude) corresponde a um conteúdo (abstração).

onde:

P.E.Vi = plano de expressão visual

P.E.Ve = plano de expressão verbal

P.C.Vi = plano de conteúdo visual

P.C.Ve = plano de conteúdo verbal

P.C.T = plano de conteúdo do texto (visual e verbal)

P.E.T = plano de expressão do texto (visual e verbal)

T = manifestação textual integral

Torna-se importante ter em mente que o enunciatário "virtual" do texto é uma criança e a manifestação textual integral é resultado de duas semióticas (verbal e visual). Portanto, o texto "infantil" pressupõe um leitor competente intersemioticamente, isto é, um leitor que saiba ler e relacionar as temáticas concretizadas nesses dois tipos de texto.

Os recursos verbais e visuais contidos no plano da expressão têm o propósito, já citado anteriormente, de fazer crer estar em contato com discursos que circulam no universo infantil e, portanto, tratam de temas infantis. Além disso, a sociedade, num processo de apropriação de textos que respondem ao que ela mesma entende como sendo o universo da criança, produziu esses textos como verdadeiramente infantis.

O estudo desses procedimentos de discursivização, isto é, da organização dos elementos que são utilizados para que a história se conte (como as personagens, o espaço, o tempo, entre outros), é de fundamental importância quando se propõe a estudar a literatura "infantil", pois esses elementos são responsáveis pela criação de um tipo de texto, conforme já foi mencionado, apropriado ao enunciatário para quem o texto é produzido.

Por meio da análise de um número considerável de textos produzidos para crianças, percebe-se que as sociedades (nesse caso, estão sendo discutidas as ocidentais) possuem uma espécie de *cardápio* desses subcomponentes textuais ao qual os enunciadores (narradores) recorrem no momento da enunciação, isto é, no momento em que vão produzir um texto cujo leitor virtual será a criança.

Essa lista de opções de figuras vem sendo produzida desde que a pedagogia propôs que se publicassem textos adequados a um mundo construído histórica e ideologicamente, o mundo da criança, sendo, então, uma produção cultural retroalimentada à medida que novos valores vão sendo instaurados na sociedade.

A recorrência de figuras atribui ao discurso uma imagem organizada e completa daquilo que ideologicamente se entende por "realidade" e o que também a ideologia mostrou ser apropriado que a criança apreenda dessa imensa criação cultural que é o mundo e todas as relações nele contidas.

A existência desse relacionamento intertextual – o diálogo entre textos – cria a possibilidade de entender a literatura infantil como sendo aquela que contém em sua manifestação textual espaços, personagens e tempos constantes de outros textos, não somente no que se refere à pararrealidade conseguida com a releitura do mundo, mas também à crença de que existe um universo literário infantil, tendo como sujeitos enunciadores indivíduos apropriados de um "saber adulto".

Pode-se perceber, também, que um plano de expressão com figuras adequadas a esse universo infantil não implica um plano de conteúdo com temas também pueris, visto trabalharem-se temas inerentes às próprias sociedades, maneiras de conceber o mundo, e todos eles temas atemporais; deve haver um ponto de interseção no interior das estruturas textuais responsável pelo surgimento de um nível de manifestação chamado de "literatura infantil".

Esse ponto é percebido quando tem início o processo de escolha desses elementos pelo enunciador do texto. Nesse ponto, o enunciador (autor) escolhe, entre outros elementos, o seu enunciatário (o possível leitor de sua obra) e, consequentemente, opta por essa ou aquela manifestação textual, mais ou menos apropriada para uma criança ler; tudo isso com o objetivo de que o seu texto (bem como os valores nele contidos) seja aceito tanto pela criança que será a suposta leitora do livro como pela própria sociedade, já que a maior parte dos livros que os pequenos leem é escolhida por adultos (sejam eles pais, professores ou parentes que buscam presentear a criança).

O que se quer dizer é que se pode entender a estrutura social como sendo a mantenedora de um universo pedagógico do qual são retiradas as figuras que circulam na literatura que nos interessa, a "infantil", enquanto a opção por figuras voltadas ao mundo concebido como "adulto" fará produzir outras modalidades de textos (ou literaturas), elaboradas para se relacionarem com sujeitos enunciatários "adultos", fazendo vir à tona valores também humanos e históricos, mas por intermédio de outros tipos de texto e com outras intenções e, consequentemente, com linguagens, personagens, espaço e tempo também distintos.

Em determinado ponto, há o cruzamento dos dois universos; ele estaria restrito ao momento em que ocorre a transferência de temas (abstração) para as figuras (concretização), ou seja, no ponto em que o sujeito da enunciação elabora o processo de discursivização, ou seja, de construção do texto propriamente dito, em que o enunciador escolhe para que venha à tona um texto "vestido" com uma roupagem infantil.

Dessa conclusão, verifica-se que a reiteração de determinadas figuras em uma quantidade considerável de textos, produzidos com a finalidade de fazer crer serem infantis, é o resultado de um processo de tipologização[2] de manifestações textuais e de adequação de figuras (componentes textuais), fato que tem a sua origem juntamente com as primeiras adaptações de textos para o público infantil, de maneira mais sensível no século XVIII.

As crianças, portanto, continuam lendo as mesmas coisas que os adultos, como acontecia anteriormente ao surgimento da pedagogia e à criação do universo infantil, só que agora os temas surgem numa roupa confeccionada através da história, roupa essa que às vezes nos ilude e mascara os valores criados pela sociedade, valores que são a própria construção histórica dos homens.

Tem-se, então, a manutenção do pensamento dominante na sociedade sendo feita por meio de um mecanismo que disfarça o caráter doutrinário encontrado em discursos como o religioso e o político, pelo mito que se construiu de literatura infantil.

Conhecer esses elementos construtores do universo textual e relacioná-los com o estudo da literatura para crianças é de suma importância para que o professor possa construir com mais segurança as suas atividades de sala de aula, além de conseguir mais instrumentos para avaliar os livros que vai oferecer aos seus alunos.

---

2 O termo tipologização refere-se à criação de tipos de texto com determinadas características; por exemplo, o texto infantil, que reúne características próprias tais como o uso de linguagem acessível, ilustrações, entre outros elementos.

2. LITERATURA INFANTIL: BREVE PERCURSO HISTÓRICO

Conforme foi visto anteriormente, falar de literatura infantil é, de certo modo, vincular determinado tipo de texto com as práticas pedagógicas que foram se impondo na educação, buscando sistematização principalmente após a segunda metade do século XIX.

Assim, na maioria dos livros que buscam tratar do assunto, há o questionamento: a literatura infantil é apenas um instrumento pedagógico ou é literatura e, consequentemente, arte?

COELHO (2000) assim inicia a sua discussão sobre o tema:

> Literatura infantil é, antes de tudo, literatura; ou melhor, é arte: fenômeno de criatividade que representa o mundo, o homem, a vida, através da palavra. Funde os sonhos e a vida prática, o imaginário e o real, os ideais e sua possível/ impossível realização.

Se esse texto que se convencionou chamar de literatura infantil é apenas mais um entre tantos outros recursos disponíveis para o desenvolvimento da prática pedagógica ou se configura como um fazer artístico, tome-se como ponto de partida alguns exemplos da obra *Coração,* de Edmundo de Amicis, considerada uma obra-prima da literatura didática.

Edmundo de Amicis foi um escritor italiano mundialmente conhecido. Natural de Oneglia, nasceu em 1846 e faleceu em 1908, deixando variada obra em que se destacam narrativas de viagens, crítica literária, novelas, livros de temas sociais e políticos.

Escrita em 1886, a obra foi divulgada pelo mundo em milhares de edições, conquistando leitores de todas as idades e classes sociais. Só na Itália, conta com mais de um milhão de exemplares vendidos.

As cenas presentes nesse livro, suas personagens e a construção dos espaços refletem e corporificam a variada e perturbadora alma humana nos seus anseios, sofrimentos, alegrias e paixões. Em Portugal, Ramalho Ortigão o traduz em trechos, e Miguel de Novais dá a versão portuguesa integral.

No Brasil, Valentim Magalhães, em 1891, elabora sua tradução, dividido entre os sentimentos de fascinação e surpresa.

Dessa data em diante, *Coração* invade as escolas brasileiras e os lares nacionais, passando a ser lido por todos, independentemente da faixa etária e condição social.

A geração que se inicia no século XX aprende com ele a lição do trabalho, do patriotismo, da virtude e da generosidade, sendo formados como italianinhos. Da obra, de cunho didático-moralizante, podem ser selecionadas algumas passagens de tradição moralizadora, tais como:

> Mas ouça, que mísera, desprezível coisa seria para ti se não fosses à escola! De mãos juntas, no fim de uma semana, implorarias para nela voltar, consumido de nojo e de vergonha, nauseado dos brinquedos e da existência (p. 19).

> Eu amo a Itália porque minha mãe é italiana, porque o sangue que me corre nas veias é italiano, porque é italiana a terra onde estão sepultados os mortos que minha mãe chora e que meu pai venera, porque a cidade onde nasci, a língua que falo, os livros que me educam, porque meu irmão, minha irmã, os meus companheiros, e o grande povo no meio do qual vivo, e a linda natureza que me cerca, e tudo o que vejo, que amo, que estudo, que admiro é italiano (p. 74).

> – Voltini disse-lhe: não deixes penetrar no teu corpo a serpente da inveja; é uma serpente que rói o cérebro e corrompe o coração (p. 75).

> Fixa bem na mente este pensamento. Imagina que te estão destinados na vida dias tremendos; o mais tremendo de todos será o dia em que per-

deres tua mãe. Mil vezes, Henrique, quando já fores homem forte, experimentado em todas as lutas, tu a invocarás, oprimido por um desejo imenso de tornar a ouvir por instante a sua voz e de rever seus braços abertos para neles te atirares soluçando, como um pobre menino sem proteção e sem conforto. Como te lembrarás então de toda amargura que lhe causastes, e com que remorsos as pagarás todas, infeliz! (p. 28).

Por meio desses exemplos, já se nota o endurecimento dos valores da época, ou seja, deve-se ter profundo respeito por todas as instituições que "governam" a vida do indivíduo, ou seja: a família, a escola, a pátria.

Há nesses trechos o exemplo de um maniqueísmo fortemente marcado e dos valores de um país que lutava pela busca de sua identidade, que procurava ser valorizado enquanto nação.

Em 1919, Tales de Andrade lança o livro *Saudade*, publicado pela Secretaria de Agricultura do Estado de São Paulo. Com ele, revela-se um cenário que vai ser um dos mais trilhados pela literatura infantil daí em diante: o rural.

O mundo acaba de sair de uma guerra, valores de uma civilização urbana e progressista haviam sido abalados pela base, provocando nos homens a desesperança ou a descrença em sua legitimidade.

A tendência geral na literatura da época era para a valorização da paz e da justiça social; daí a vida no campo aparecer como um grande ideal, valorização nostálgica dos costumes simples do campo em confronto com as dificuldades e fracassos encontrados na vida da cidade.

Saudade recebe aplausos de autores como Monteiro Lobato, que diz ser "um livro para a infância que cai em nossos meios pedagógicos com o fulgor e o estrondo de um raio".

Seguindo essa linha, Viriato Correa lança uma série de livros destinados ao público infantil (*Era uma vez* – livro de contos) e, entre eles, um dos que mais seguem o estilo didático moralista de *Coração* é *Cazuza*. Lançado em 1938 e continuamente reeditado, gerado por ideias e ideais do Brasil dos anos 1930, *Cazuza* transfigurou em literatura os impulsos que estavam na raiz do grande movimento histórico nacional, então em processo, movimento que pode ser sintetizado como o deslocamento de populações do campo para a cidade a fim de impulsionar a modernização do país.

Cazuza é a história de um menino cujo nome dá título ao livro e que, depois de adulto, resolve escrever suas memórias de infância; liga-se a *Saudade* e *Coração*, pela ênfase dada ao respeito às instituições, sendo a educação o meio ideal para o progresso do homem, e pela preocupação de confrontar a vida rural interiorana com a vida urbana.

Apresenta uma nítida evolução sobre os anteriores, pois com experiências simples *Cazuza* vai tendo oportunidade de revelar o jogo das relações humanas, o idealismo humanitário que deve nortear as ações de todos, as diferenças inerentes aos vários meios sociais. *Cazuza* foi dos que abriram as portas da literatura para os ventos da vida real, com linguagem mais ágil, mostrando também experiências necessárias ao indivíduo no seu processo de crescimento.

Mesmo assim, o didatismo moralizante ainda se faz presente, conforme o trecho abaixo:

> Essa riqueza, de que você tem tanto orgulho, foi você que a juntou com sua inteligência, com seu suor e com seu esforço? Pensa você que o Custódio lhe é inferior porque é pobre? Pois é justamente a pobreza que lhe dá valor. Sendo paupérrimo, o Custódio come mal, dorme mal, e o tempo que deve empregar no estudo, emprega-o em serviço caseiro, para ajudar os pais. A lição que ele traz sabida vale mais do que a lição sabida que você traz. Você tem tempo e conforto. Custódio não tem nada, senão a vontade de aprender, o brio de cumprir o seu dever de estudante (p. 85).

Vários autores tiveram influência nessa época, foram demasiadamente lidos pelas crianças e exerceram papel marcante na vida escolar do Brasil.

Além dos citados, podemos enumerar autores como Olavo Bilac, Manuel Bonfim, Júlia Lopes de Almeida, Adelina Lopes Vieira, entre outros. Seja como mantenedores do pensamento da classe dominante no que se refere à política ou às maneiras de viver em sociedade, neles a criança é vista como um indivíduo pronto para receber a educação como dádiva, como caráter divino, e amar sua pátria como berço e fonte inesgotável de benevolências.

Na educação e na prática de leitura no Brasil, do final do século XIX até o surgimento de Monteiro Lobato, os paradigmas vigentes eram o nacionalismo, o intelectualismo, o tradicionalismo cultural com seus modelos de cultura a serem imitados e o moralismo religioso, com as exigências de retidão de caráter, de honestidade, de solidariedade e de pureza de corpo e alma em conformidade com os preceitos cristãos.

Com o surgimento de Monteiro Lobato na cena literária para crianças e sua proposta inovadora, a criança passa a ter voz, ainda que uma voz vinda da boca de uma boneca de pano, Emília.

A contestação e a irreverência infantis sem barreiras começam a ter espaço e a ser lidas, e adquirem maior concretude com as ilustrações das personagens do *Sítio do Pica-Pau Amarelo*.

Lobato apresenta características nunca exploradas no universo literário para crianças: apelo a teorias evolucionistas para explicar o destino da sociedade; onipresença da realidade brasileira; olhar empresarial; preocupação com problemas sociais; soluções idealistas e liberais para os problemas sociais; tentativa de despertar no leitor uma flexibilidade em face do modo habitual de ver o mundo; relativismo de valores; questionamento do etnocentrismo e a religião como resultado da miséria e da ignorância.

Evidentemente, Lobato fora o precursor de uma nova literatura destinada às crianças no Brasil, uma literatura que ainda passaria por inúmeras transformações, por uma ditadura militar e por grandes mudanças na tecnologia e na sociedade.

Essas mudanças foram, de maneira histórica e dialógica, trazendo para a literatura infantil a diversidade de valores do mundo contemporâneo, o questionamento do papel do homem diante de um universo que se transforma a cada dia e, além disso, trouxeram também as vozes de diferentes contextos sociais e culturais presentes na formação do povo brasileiro, sua diversidade e dificuldade de sobrevivência e, o mais importante, trouxeram as vozes e sentimentos da criança para as páginas dos livros, para as ilustrações e para as diferentes linguagens que se fazem presentes na produção artística para crianças.

Hoje, há uma produção literária/artística para as crianças que não nasce apenas da necessidade de se transformar em mero recurso pedagógico, mas cujas principais funções são o lúdico, o catártico e o libertador, além do cognitivo e do pragmático, já que visa a preparar o indivíduo para a vida num mundo repleto de diversidades.

Autores como Pedro Bandeira, Carlos Queiroz Telles, Lúcia Pimentel Góes, Roseana Murray e Ziraldo, entre outros, trazem as vozes das crianças e o universo cotidiano com seus conflitos para serem lidos/vistos/sentidos na literatura infantil de hoje, conflitos esses levados às crianças com uma proposta de diálogo, não somente de imposição de valores, por meio de uma literatura que busca a arte, sua característica primeira.

Como exemplo, observa-se o seguinte texto de TELLES (1999):

> ABOBRINHAS
> Batatinhas, quando nascem,
> se esparramam pelo chão,
> invadem as escolinhas,
> entram em todas as festinhas
> e viram declamação:
>
> – Que chateação!
>
> Ao contrário das colegas
> de terreiro e de pomar,
> as alegres abobrinhas
> crescem fortes e felizes,
> sem nunca se perguntar

onde meninas dormindo
colocam os pés e as mãos.

O exemplo já é capaz de mostrar que os valores mudaram e a voz da criança já se faz ouvir; há o descrédito daquela autoridade que se coloca no poder por meio de uma moral dogmática; a linguagem se mostra mais próxima do falar da criança, e é nesse relativismo de valores que a criança terá de se situar como cidadão.

Desse modo, verificam-se dois momentos bem definidos da literatura voltada para as crianças no Brasil em busca da expressão artística apropriada ao universo da criança:

a) momento anterior a Monteiro Lobato: responsável por veicular valores como o individualismo, a obediência absoluta aos pais e às autoridades, a hierarquia tradicional de classes, a moral dogmática ligada a concepções de cunho religioso, vários tipos de preconceito, como o racismo, uma linguagem literária que visa a imitar padrões europeus. Desse modo, a literatura para as crianças se torna um mero instrumento pedagógico, elaborada para uma criança vista como um adulto em miniatura;

b) momento atual, pós-lobatiano: momento em que a literatura para crianças e jovens mostra uma individualidade consciente, obediência consciente, mundo com antigas hierarquias em desagregação, moral flexível, luta contra os preconceitos, linguagem literária que busca a invenção e o aspecto lúdico da linguagem, ou seja, uma literatura que mostra um mundo em construção para uma criança que passa a ser vista como um ser em formação.

Para garantir o bom desenvolvimento desse processo e com o objetivo de instrumentalizar o cumprimento da Lei de Diretrizes e Bases da Educação Nacional (LDB) no que se refere aos elementos curriculares e às atividades de ensino, foram lançados, em 1998, os Parâmetros Curriculares Nacionais (PCNs), que indicam como objetivos do ensino fundamental, entre outros:

> Compreender a cidadania como participação social e política, assim como exercício de direitos e deveres políticos, civis e sociais, adotando, no dia a dia, atitudes de solidariedade, cooperação e repúdio às injustiças, respeitando o outro e exigindo para si o mesmo respeito;

> Posicionar-se de maneira crítica, responsável e construtiva nas diferentes situações sociais, utilizando o diálogo como forma de mediar conflitos e de tomar decisões coletivas;

> Conhecer características fundamentais do Brasil nas dimensões sociais, materiais e culturais

como meio para construir progressivamente a noção de identidade nacional e pessoal e o sentimento de pertinência ao país;

Conhecer e valorizar a pluralidade do patrimônio sociocultural brasileiro, bem como aspectos socioculturais de outros povos e nações, posicionando-se contra qualquer discriminação baseada em diferenças culturais, de classe social, de crença, de sexo, de etnia ou outras características individuais e sociais;

Perceber-se integrante, dependente e agente transformador do ambiente, identificando seus elementos e as interações entre eles, contribuindo ativamente para a melhoria do meio ambiente;

Desenvolver o conhecimento ajustado de si mesmo e o sentimento de confiança em suas capacidades afetiva, física, cognitiva, ética, estética, de inter-relação pessoal e de inserção social, para agir com perseverança na busca de conhecimento e no exercício da cidadania;

Utilizar as diferentes linguagens – verbal, musical, matemática, gráfica, plástica e corporal – como meio para produzir, expressar e comunicar suas ideias, interpretar e usufruir das produções culturais, em contextos públicos e privados, atendendo a diferentes intenções e situações de comunicações;

Tanto na LDB como nos PCNs, há a preocupação com questões que envolvem a pluralidade cultural e étnica do povo brasileiro; tanto que, em consonância com os PCNs, foram lançados os Temas Transversais, um conjunto de temas de grande relevância para uma educação que visa os objetivos indicados acima e a formação de sujeitos realmente capazes de conviver em harmonia, respeitando as diferenças sociais, étnicas e culturais de um país como o Brasil.

Entre esses temas, destacam-se Ética, Pluralidade Cultural e outros, como Trabalho e Consumo e Meio Ambiente, que levam o aluno a refletir a respeito de importantes questões históricas sobre a colonização do Brasil.

Com esses elementos, já se poderia garantir um ensino voltado à minimização das diferenças, visando à construção de uma sociedade mais justa. Para essa garantia, em março de 2008, a Lei n. 11.645 altera o artigo 26-A da Lei n. 9.394, de 20 de dezembro de 1996, que passa a vigorar com a seguinte redação:

> Art. 26-A. Nos estabelecimentos de ensino fundamental e de ensino médio, públicos e privados, torna-se obrigatório o estudo da história e cultura afro-brasileira e indígena.

§ 1.º O conteúdo programático a que se refere este artigo incluirá diversos aspectos da história e da cultura que caracterizam a formação da população brasileira, a partir desses dois grupos étnicos, tais como o estudo da história da África e dos africanos, a luta dos negros e dos povos indígenas no Brasil, a cultura negra e indígena brasileira e o negro e o índio na formação da sociedade nacional, resgatando as suas contribuições nas áreas social, econômica e política, pertinentes à história do Brasil.

§ 2.º Os conteúdos referentes à história e cultura afro-brasileira e dos povos indígenas brasileiros serão ministrados no âmbito de todo o currículo escolar, em especial nas áreas de educação artística e de literatura e história brasileiras.

Dessa maneira, há a necessidade de dar continuidade à formação dos educadores, uma formação adequada para o trabalho com a leitura e a literatura nesse novo contexto educacional.
Evidentemente, essa concepção de educação, de literatura e de leitura se refere a paradigmas emergentes, a uma literatura construída por um mundo que se molda diariamente e derruba valores na velocidade do computador.
Assim, fala-se de um momento em construção, mas o que se pretende é ressaltar a mudança dos

objetivos e de mecanismos de edificação de um tipo de texto que tem como destinatário a criança e que procura se firmar como arte, sem que se descarte a sua presença demasiadamente importante no processo educativo, entendendo que o processo educativo também se constrói hoje tentando levar em consideração a formação plural do povo brasileiro.

Com isso, nota-se o processo de mudança sofrido na concepção de literatura infantil, ou seja, de instrumento pedagógico de concepção moralizante do passado, ela passa a espelhar a sociedade com suas relações, necessidades, questionamentos e padrões estéticos.

Essa trajetória da construção da literatura para crianças no Brasil em relação a alguns dos principais fatores histórico-sociais pode ser resumida no seguinte quadro:

A LITERATURA INFANTIL / JUVENIL NO BRASIL[3]

PRECURSORES (Brasil-Colônia até a década de 1920)	MONTEIRO LOBATO (década de 1920 a meados da década de 1980)
- a literatura reflete todas as principais tendências da Europa; - literatura de cunho humanista dramático; - literatura como instrumento pedagógico (também reflexo de padrões europeus); - fábulas, contos de fada maravilhosos, novelas de aventura e de cavalaria; - nacionalismo com ênfase na vida rural; - culto da inteligência; - moralismo e religiosidade. **EXEMPLARIDADE E DOUTRINAÇÃO**	- Era Getuliana e esforço para a reconstrução; - expansão da literatura em quadrinhos; - tradição em conflito com o Modernismo; - antagonismo entre Realismo e Fantasia; - formação do Teatro Infantil (1950); - expansão dos meios de comunicação de massa (1960); - LDB (Lei n. 4.024, de 20/12/1961); - Ato Institucional n. 5; - abertura do governo Figueiredo. **RELATIVISMO DE VALORES**
PÓS-LOBATO (meados de 1980 a meados da década de 1990).	**CONTEMPORÂNEO** (meados de 1990 até a atualidade)
- influências da abertura política na concepção de educação; - literatura inquieta e questionadora; - questões cotidianas e mais realistas; - apelo à curiosidade do leitor; - dialogismo está mais presente nos textos para crianças e jovens; - computador passa a tomar seu lugar nas casas e no cotidiano das pessoas; - apelo à visualidade. **EXPERIMENTALISMO**	- Lei de Diretrizes e Bases da Educação Nacional (LDB) (Lei n. 9.394, de 20/12/1996); - Parâmetros Curriculares Nacionais (PCNs); - temas transversais são inseridos nas propostas curriculares; - movimentos sociais e de minorias como reação a estereótipos preconceituosos e negativos; - Lei n. 11.645/2008; - tecnologia e múltiplas linguagens; - hipertextualidade. **MORAL RELATIVA E DIÁLOGOS COM O LEITOR**

---

3 Reformulação de algumas propostas de estudiosos. Delimitam-se esses períodos em razão das transformações na escola e nas consequências da abertura política no Brasil.

3. CONCEPÇÃO DE INFÂNCIA E LITERATURA INFANTIL

Para entender a literatura para crianças como um gênero que se constrói através do tempo, é relevante pensar que antes do século XVIII via-se uma separação bastante nítida do público infantil.

Os indivíduos pertencentes às altas classes sociais liam os grandes clássicos da literatura, orientados que eram por seus pais e preceptores; já a criança das classes mais populares não tinha acesso à escrita e à leitura, portanto, tomava contato com uma literatura oral e mantida pela tradição de seu povo e também veiculada entre os adultos. Não se via a infância como um período de formação do indivíduo; a criança era vista como um adulto em miniatura, uma etapa a ser rapidamente ultrapassada para que o indivíduo se tornasse um ser produtivo e contribuísse efetivamente na e para a comunidade. Vários exemplos há na literatura e no teatro nos quais se pode observar o tratamento às vezes áspero direcionado à criança.

Percebe-se, dessa maneira, a inexistência da literatura infantil, na forma contemporânea, pois, oral ou escrita, clássica ou popular, a literatura veiculada para adultos e crianças era exatamente a mesma, já que esses universos não eram distinguidos por faixa etária ou etapa de amadurecimento psicológico, mas separados de maneira até drástica em função da classe social.

Conforme já se mencionou, embora não houvesse uma concepção nítida do universo infantil, alguns autores já haviam se interessado pelo emprego da literatura para a educação das crianças. Como exemplo, podemos citar Perrault e a Condessa de Ségur, ambos com a nítida preocupação de transmitir valores morais.

Desde a segunda metade do século XVIII, as sociedades estavam se industrializando e se desenvolvendo, e novas classes sociais surgiam. Valores eram descartados em detrimento de outros novos que despontavam com o poderio econômico de uma classe emergente: a burguesia.

Nessa sociedade, sedenta de novidades e movida pelo poder econômico, começa-se a fazer a adaptação de clássicos da literatura como *Cinderela, As Mil e Uma Noites* e *Fábulas*, além de uma gama de histórias que tiveram a sua origem em classes intelectualizadas ou populares, essas últimas mantenedoras das novelas de cavalaria e de uma infinidade de contos ainda reeditados para as crianças no final do século XX.

Vimos, também, que basta um olhar mais atento a essas obras para verificar que elas são portadoras de uma estrutura profunda de temáticas que contêm valores humanos, já que os valores sobre os quais as sociedades são construídas não são infantis, adultos ou senis, são humanos e atemporais.

Temos, hoje, uma concepção de criança e de seu universo como sendo um conceito que se construiu do dialogismo, no sentido bakhtiniano do termo, entre textos que se produziram historicamente, ou seja, criança para a nossa sociedade é um conceito histórico e dialético da etapa de desenvolvimento do ser humano.

A relação já mencionada entre a literatura produzida para crianças e jovens e a sociedade pode ser claramente percebida nas alterações provocadas nos textos para a infância produzidos após a promulgação da Lei n. 9.394, de 20 de dezembro de 1996, que estabelece as diretrizes e bases da educação nacional.

Como mencionado na última LDB, com a criação dos PCNs houve a inserção dos chamados Temas Transversais, que devem ser inseridos nas discussões em sala de aula, sendo importantes para a discussão de questões que fazem parte da formação étnica e social do povo brasileiro.

Após a inserção desses temas, houve uma larga produção de textos literários para crianças, nos quais assuntos como ética, pluralidade cultural e diversidade são abordados de maneira a trazer para a criança e para os jovens a discussão de assuntos pertinentes ao momento social, político e cultural nos nossos dias.

Esses temas não necessariamente precisam vir explícitos nas obras, mas determinadas ações ou cenas contidas na efabulação podem e devem trazer à tona tais discussões.

Observa-se que essas discussões não estão presentes apenas nesse tipo de texto, mas permeiam a sociedade de maneira global, pois são temas que dizem respeito à nossa sociedade e ao nosso tempo, isto é, a literatura para crianças, hoje, guarda características primordiais da arte, ou seja, olhar a sociedade e devolver a ela uma matéria passível de discussão e mudança.

Assim, a Humanidade vem, ao longo do tempo, estruturando e discutindo quais são os "fazeres" adequados às crianças, quais são os textos que devem ser lidos por elas; em última análise, a sociedade (re)constrói dialogicamente o universo infantil, território esse que se molda através do tempo por textos num fazer histórico e dialógico.

Constata-se, então, que as crianças continuam entrando em contato com os mesmos discursos que os adultos, como acontecia anteriormente ao surgimento da pedagogia e à criação do universo infantil, só que com uma grande diferença. É que hoje há um conhecimento mais amplo das etapas de desenvolvimento da criança e um respeito às competências que cada uma dessas etapas comporta.

A aplicação de novas tecnologias na produção de textos garante a criação de universos literários cada vez mais motivadores e propícios para o desenvolvimento da imaginação criadora e, consequentemente, de indivíduos mais aptos para a vida em sociedade.

Neste início de século XXI, pode-se encontrar uma grande variedade de "infâncias" coexistindo nas mais diversas sociedades, desde aquelas que ainda não conhecem as transformações sofridas pela escola e seguem trabalhando como adultos, até aquelas que vivem imersas num mundo puramente tecnológico, também afastadas das atividades lúdicas tão necessárias ao desenvolvimento do ser humano.

Com base nisso, notam-se as dificuldades dos professores no trabalho diário com tamanha diversidade econômica, social e cultural, pois toda essa pluralidade é responsável por diferentes concepções do universo infantil.

Tem-se, desse modo, diferentes crianças em múltiplas realidades numa mesma sociedade e, assim, a escola se torna um espaço de convergência de todas essas realidades, necessitando o professor de uma preparação cada vez mais sólida para o desenvolvimento do seu trabalho nessa sociedade em processo visível de metamorfose social, econômica e cultural.

Além desses fatores, o professor deve ficar atento a outros tipos de diversidade presentes no espaço escolar, pois os projetos de inclusão de portadores de deficiência, por exemplo, trouxeram para a sala de aula a necessidade de um novo olhar para a criança, um olhar de respeito às características individuais e um aprimoramento do trabalho docente com uma infância que busca sua inserção na sociedade e precisa de trabalhos às vezes diferenciados para desenvolver as suas competências intelectuais e afetivas, entre outras.

Então, da mesma maneira que o termo *infância* foi histórica e socialmente desenhado no tempo pelos fazeres e saberes da humanidade, a literatura destinada a essa infância também teve de se adaptar a essas metamorfoses na busca de diálogos mais amplos.

4. ALGUNS CONCEITOS IMPORTANTES

Percebe-se que, ao tomar contato com qualquer obra chamada de literatura infantil, antes de mais nada deve-se tomá-la como um texto portador de uma linguagem específica e cujo objetivo é expressar experiências humanas e, em razão disso, não pode ser definida com exatidão.

Partindo desse pressuposto, analisar literatura infantil é analisar uma obra de arte, e, sendo assim, o estudioso ou professor precisa estar ciente de que está diante de um processo de comunicação historicamente construído em que um destinador (adulto) se dirige a um destinatário (criança) com o intuito de expressar, por meio de sua "lente" única de destinador, a "leitura" que faz da sociedade e/ou do mundo.

Quando se fala de literatura, os termos leitor e leitura aparecem relacionados de maneira bastante estreita. Deve-se entender a leitura num sentido amplo, como a instância de recepção de diversos tipos de texto. Pode-se ler um texto escrito, um texto visual, o teatro, as pessoas que nos rodeiam e o mundo.

A instância da leitura não é puramente passiva. O leitor, no momento do seu exercício de entender e interpretar os textos que o rodeiam, ativa a sua memória, relaciona fatos e experiências, entra em conflito com valores, coloca vários textos em diálogo.

No caso da literatura infantil, a concepção de leitura está estreitamente vinculada ao que se entende por alfabetização. Na história, ora a alfabetização aparece numa visão mais restrita ao texto verbal, como o exercício de codificação e decodificação da linguagem verbal escrita, ora se amplia para diversos tipos de texto, para outras modalidades de expressão do ser humano.

4.1. QUEM É O LEITOR DE LITERATURA INFANTIL?

É interessante que se tenha em mente a existência de diversos tipos de destinador, com maior ou menor aptidão no uso de linguagens. Assim, com referência ao nosso leitor, infantil, podemos classificá-lo da seguinte maneira[4]:

a) *pré-leitor*: aquele indivíduo que ainda não tem a competência de decodificar a linguagem verbal escrita; ele inicia o reconhecimento da realidade que o rodeia principalmente pelos contatos afetivos e pelo tato, a imagem tem predomínio absoluto; nessa primeira fase de construção do leitor são indicados os livros de imagem, sem texto verbal, para que o indivíduo possa, por meio do reconhecimento

---
4 Análise da classificação de leitores proposta por Nelly Novaes Coelho em *Literatura Infantil* (São Paulo: Moderna, 2000).

de sequências de cenas, tomar contato com alguns elementos estruturais da narrativa, como o espaço, as personagens e o tempo;

b) *leitor iniciante:* o indivíduo começa a tomar contato com a expressão escrita da linguagem verbal, ou seja, começa o letramento; a curiosidade sobre esse universo cultural e o mundo que se descortina por meio da produção/reconhecimento da palavra escrita ganha algum espaço sobre a imagem, sendo que a última ainda deve predominar; é a fase de socialização e de racionalização da realidade;

c) *leitor em processo:* fase em que a criança já domina o mecanismo da leitura; o conhecimento do mundo é aguçado pela organização do pensamento lógico; a motivação do adulto ainda é bastante importante;

d) *leitor fluente:* é a fase em que se consolida o domínio dos mecanismos que o ato de ler envolve, além de haver mais capacidade de compreensão do universo contido no livro; nesse momento, desenvolve-se o pensamento hipotético-dedutivo, e atividades de reflexão são importantes para o amadurecimento do leitor;

e) *leitor crítico:* fase de total domínio do processo de leitura, pois o indivíduo já estabelece relações entre micro e macrouniversos textuais, além de entender os processos de semioses especiais presentes no texto; fase do desenvolvimento do pensamento reflexivo e crítico.

Pode-se estabelecer o seguinte quadro comparativo dos tipos de leitor com a faixa etária do ser humano, observando as respectivas individualidades na formação de cada um e os diferentes trabalhos desenvolvidos nas escolas brasileiras:

pré-leitor	leitor iniciante	leitor em processo	leitor fluente	leitor crítico
quinze meses aos cinco anos, aproximadamente	a partir dos cinco ou seis anos	a partir dos oito anos	a partir dos dez anos	a partir dos doze anos[5]
Educação Infantil	Ensino Fundamental			

As fases do aprendizado da leitura são bastante úteis para as interpretações deste livro, já que o fator "percepção da imagem" (seja ela construída da linguagem verbal ou de outro tipo de linguagem) está estritamente vinculado à fase de amadurecimento da criança.

---
5 Importante perceber que o leitor crítico nunca está totalmente pronto; o criticismo é um fator que se constrói durante toda a vida.

Outro elemento importante para avaliar o tipo de leitor é a utilização do suporte textual. Anteriormente, sociedade e escola privilegiavam um leitor que contemplava a palavra escrita, mantinha-se imóvel diante de um texto completamente acabado e pronto para ser decifrado.

Novos meios de produção inventaram o cinema, as fotos iniciam o seu movimento. As cidades e as relações humanas sofreram transformações, a pressa da vida nos centros urbanos desenhou um leitor que observava um texto que se movia à sua frente, o leitor movia-se com a pressa de entender e interpretar cartazes nas fachadas dos centros comerciais, nas ruas e nas rodovias.

Neste início de século, o leitor não se contenta em apenas ler os textos; mesmo quando os dois estão em movimento, ele procura a sensação de participar de sua confecção, de interagir com diferentes textos. As novas tecnologias construíram o texto hipermidiático, o leitor se confunde com o autor e navega num mar de textos virtuais.

Não se pode ignorar, no entanto, que a percepção da imagem, além do vínculo com a maturidade do indivíduo, também está ligada ao universo cultural ao qual ele está inserido.

O olhar se constrói a partir da motivação, ou seja, do que a cultura em que vivemos olha no mundo, de como ela efetiva esse olhar; em última análise, de que modo o universo cultural educa esse olhar.

4.2. O QUE É LER LITERATURA INFANTIL?

Entende-se como imagem a representação mental que se constrói de objetos sensíveis, ou seja, a repetição, no universo mental, de sensações e percepções motivadas pelo mundo exterior. Antonio Cândido (2004) faz uma importante observação sobre o termo:

> Quando uma pessoa cria uma imagem, ela pode ter sido sugerida pelo seu inconsciente ou pelo inconsciente de seu grupo, manifestando-se no seu, isso segundo Jung e seus seguidores. A imagem significa, então, um tipo de expressão simbólica condensada de experiência humana (p. 151).

Entendendo desse modo, há várias possibilidades de fazer sentir imagens por meio da literatura infantil, não apenas por meio da linguagem verbal. Levando-se em consideração o tipo de leitor, que se caracteriza como interlocutor de um texto literário, e a própria apresentação gráfica da obra literária, há várias maneiras de construção e percepção de imagens no e pelo texto destinado ao público infantil.

Assim sendo, segundo Vincent Joule (2002), deve-se entender a atividade da leitura como um mecanismo em que estão presentes vários processos e, consequentemente, existe a demanda de várias habilidades e competências.

Pode-se conceber a leitura como um processo neurofisiológico, pois ela é um ato concreto, observável, que recorre a determinadas faculdades específicas do ser humano. Nenhuma leitura é possível sem o funcionamento do cérebro e, em outros casos, sem que se utilize o aparelho visual. A leitura passa a ser, primeiro, uma operação de percepção, de identificação e de memorização de signos mediante o funcionamento pleno de determinados conjuntos de órgãos do corpo humano.

Às vezes, a dificuldade de leitura e concentração do aluno não é apenas fruto de uma distração ou de má vontade com determinada atividade, mas pode apontar para uma dificuldade de outra natureza, como um problema de deficiência visual ou dislexia, por exemplo.

A atividade de leitura também pode ser vista como um processo cognitivo, já que, no processo de deciframento de signos do texto, o indivíduo realiza um esforço de abstração e, em determinados momentos, principalmente em textos mais longos, o leitor se vê às voltas com a progressão da leitura do texto e de sua interpretação global, ou seja, com a fluidez do texto e com o encadeamento de ideias que a compreensão do texto supõe.

É importante, portanto, que o livro a ser oferecido à criança seja adequado à sua maturidade como leitor, pois um livro com letras miúdas ou com uma extensão maior do que a sua competência de leitor pode entender constitui fator do afastamento da atividade leitura ou da sua rejeição a essa atividade.

Sendo o texto um conjunto organizado de ideias, um discurso sobre determinada faceta do mundo e passível de análise, imagina-se um esforço do leitor em compreender, aceitar ou recusar o discurso veiculado e verificar de qual lugar ideológico o texto fala. Isso tudo leva a perceber um processo argumentativo que implica também o ato da leitura.

Aprender a ler e utilizar-se da literatura como veículo de informação e lazer promove a formação de um indivíduo mais capaz de argumentar, de interagir com o mundo que o rodeia e tornar-se agente de modificações na sociedade em que vive.

Supondo a existência de um processo argumentativo, deve-se, também, acreditar que os textos estão vinculados a uma determinada cultura e interagem com ela no sentido de veicular símbolos produzidos por e nesta cultura. Assim, ler um texto significa entender que este ato implica um processo simbólico agindo nos modelos do imaginário cultural.

Na construção da identidade cultural de um povo, a literatura ocupa lugar de destaque, pois oferece os universos de relações produzidos na história, ou seja, desde os espaços ocupados e de que maneira esses espaços se ocuparam até as transformações nas relações sociais e os símbolos produzidos na e por essa sociedade.

Além de todos esses processos envolvidos na atividade de leitura, ainda se pode citar um outro, pois, se a leitura recorre às capacidades de reflexão do leitor, ela também vai influir nas emoções, já que estas estão na base do princípio de identificação, principalmente no que se refere à obra de ficção, objeto de nosso trabalho. Dessa maneira, a leitura é, antes de tudo, um processo afetivo.

No mundo contemporâneo, permeado de tecnologias e relações virtuais com a sociedade, é importante que a criança possa conhecer as relações de afeto com o objeto livro e, além dessas, com os textos que ele veicula.

A criança já possui afetividade com as narrativas orais, pois é comum solicitarem que determinada história seja recontada quando é de seu gosto. Que tal promover a afetividade com o livro? O professor pode contribuir nessa "amizade" tornando a criança mais próxima desse objeto e demonstrando todas as boas possibilidades de diversão advindas desse encontro.

Reconhecer a relevância do afeto na leitura literária pode ser importante para que o educador possa dar voz à criança e, dessa maneira, conhecer e contribuir para a resolução de questões dessa ordem que o seu aluno não encontra oportunidade para expressar em outras atividades escolares.

Assim, no decorrer do processo de múltiplas leituras, a criança vai incorporando o conceito do livro como depositário de memória, o que pode ser bastante estimulado com visitas à biblioteca. Aliás, comumente um dos ambientes mais sisudos da escola, ao contrário, a biblioteca deve ser um ambiente aberto e acolhedor, de maneira que as crianças e os jovens possam senti-la como uma verdadeira e segura fonte de divertimento e lazer dentro dos muros da escola.

4.3. UMA LINGUAGEM PARTICULAR: A ILUSTRAÇÃO

Nem só de palavras se constrói um livro para crianças; a ilustração é uma das linguagens não verbais mais recorrentes na obra literária infantil, além de outras como a tátil, por exemplo. Por isso, é importante classificar as funções das ilustrações nessa modalidade de obra literária[6]:

a) *pontual:* a ilustração tem como objetivo destacar aspectos do texto ou assinalar seu início e fim. Bom exemplo dessa função são as letras capitulares, que marcam o início dos textos, às vezes de maneira artística e remetendo a características textuais de uma época, como nos contos de fada;

---

6 Funções adaptadas da classificação proposta por Luis Camargo em *Ilustração do Livro Infantil* (São Paulo: Lê, 1995), indicado como sugestão de leitura.

b) *descritiva*[7]: o texto visual cumpre um papel semelhante ao da função descritiva da linguagem; isto é, permite, por meio de uma intersemiose[8], descrever objetos, cenários, personagens etc.;

c) *narrativa*: a ilustração tem a função de narrar, por meio de uma outra linguagem, uma ação, cena ou um outro fato mostrado pela linguagem verbal; o ponto alto desse tipo de função está nos livros em cuja construção se utiliza apenas a ilustração para contar uma história, ou seja, todas as ações são contadas por meio da sequência de textos visuais;

d) *simbólica*: aquela ilustração que representa uma ideia; chama a atenção para o caráter metafórico da história ou é a própria metáfora do texto verbal; essa função, por sua própria característica, muito vinculada a aspectos de ordem cultural, está presente em vários livros, mas o leitor crítico terá mais condições de percebê-la e de ampliar as possibilidades de interpretação do texto;

e) *dialógica*: bastante utilizada na literatura infantil contemporânea de qualidade, está presente nas ilustrações que promovem o diálogo com emoções, por meio da postura, gestos e expressões de

---

7 Percebe-se que alguns tipos de ilustração aqui elencados têm função predominantemente referencial, tais como a descritiva e a narrativa. Essa referencialidade encontra-se principalmente na literatura infantil do passado, em que a ilustração servia apenas de suporte para a melhor compreensão do texto verbal.

8 Entende-se aqui por intersemiose a construção de significados promovidos por diferentes linguagens, por exemplo, o texto verbal associado às ilustrações.

personagens e outros elementos estruturais da narrativa, além de expressar valores do destinador de caráter social e cultural, acrescentando novos significados ao texto verbal;

f) *estética:* o texto visual é construído de tal modo que a atenção do leitor se volta para a maneira como a ilustração foi realizada, os materiais e as técnicas nela utilizados; é bastante frequente, também, na literatura infantil contemporânea com a ampliação das possibilidades de construção de projetos gráficos inovadores;

g) *lúdica:* função em que a própria ilustração pode se transformar num jogo para o leitor/receptor do texto; um bom exemplo são os livros cujas ilustrações podem servir de tabuleiros para brincar;

h) *tradutora:* contribui sobremaneira para as definições e para o entendimento do texto verbal; é a ilustração auxiliando para explicar o texto verbal de maneira criativa e motivadora para o leitor infantil, muito próxima da função descritiva. A ilustração com esta função pode ampliar as possibilidades de interpretação do livro.

i) *imersiva*[9]: bastante utilizada nos suportes hipermidiáticos, ela promove a interação do leitor

---

[9] Para o aprofundamento dessas questões relacionadas ao leitor do texto hipermidiático, boas indicações são as obras de Lúcia Santaella e Roger Chartier, constantes da bibliografia. Embora no trabalho de Santaella o leitor seja apenas classificado em função do suporte textual, restringindo o caráter de imersão aos demais tipos de texto. A imersão está mais nas possibilidades de leitura que o texto oferece do que nas oportunidades que as novas tecnologias podem trazer.

com a obra, apontando caminhos e deixando algumas escolhas para o leitor no seu caminhar pela obra. Toda essa estética da hipertextualidade tem ganhado terreno nos livros de papel, modificando a maneira de conceber a estrutura textual[10].

É oportuno destacar que as funções não têm existência independente e compartimentada, além de variarem em intensidade, podendo a ilustração assumir características de várias funções.

Na atividade de leitura, o professor pode e deve dialogar com o aluno sobre as relações entre as diversas linguagens que compõem a obra, pois a criança educará o seu olhar para as múltiplas linguagens construtoras dos diversos textos nos quais a sociedade está imersa.

Um leitor plural não é somente aquele que consegue ser eficiente na leitura da linguagem verbal em norma culta, mas aquele que consegue ler e traduzir as diferentes linguagens presentes nos diferentes textos veiculados na sociedade: da norma culta às gírias, das pinturas acadêmicas dos grandes artistas aos trabalhos de grafite contemporâneos.

Um leitor plural é aquele que consegue ser poliglota na sua própria língua e ser competente para ler as possíveis manifestações de linguagem. Desse modo, o educador não pode ficar alheio às diversas

---

[10] Notar que a leitura imersiva, nas séries mais adiantadas do ensino fundamental também pode ser feita em textos clássicos tradicionais, basta que o aluno (re)conheça essa possibilidade de imersão proporcionada por alguns textos literários.

manifestações culturais desenvolvidas pela comunidade da criança ou do adolescente[11], pois a educação formal deve partir de um lugar cultural conhecido pelo aluno para que se possam inserir novas possibilidades de uso da linguagem e ampliar sua competência discursiva e textual.

---

11 Verifique nas sugestões de leitura o livro de Gabriel, o Pensador. Essa obra traz para a literatura toda a musicalidade e questionamento do *Rap*.

5. COMO ANALISAR O TEXTO LITERÁRIO PARA CRIANÇAS

Levando em consideração os fatores apontados até aqui, quando se pretende enfocar as possíveis perspectivas de estudo e ensino de literatura infantil, é importante salientar que elas se constroem e se fundamentam de maneira conjunta, seguem uma orientação, ou seja, evidente que se pode centrar o estudo e o ensino numa perspectiva histórico-social e vincular a pesquisa ou o ensino a outros fatores, como uma proposta pedagógica ou um instrumental semiótico para a análise dos textos.

O que se pretende discutir neste capítulo é exatamente o enfoque encontrado em linhas de estudo diversas e, num âmbito geral, como olhar para um tipo de texto que a sociedade passou a nomear como literatura infantil, de maneira mais latente após a segunda metade do século XIX.

Para que se chegasse a esse resumo de quadros de orientação teórico-metodológica, analisaram-se os livros publicados na área, livros esses que constituem peças fundamentais para a fundamentação de cursos sobre o tema, além de uma série de outros trabalhos de pós-graduação desenvolvidos em programas cujas universidades mantêm esse estudo em seus cursos.

Não se pensa em esgotar o assunto ou pormenorizar todos os aspectos que envolvem tais maneiras de olhar um objeto de estudo tão complexo como o texto literário para crianças e jovens, por serem essas próprias orientações muito complexas e abrangentes.

Busca-se, dessa maneira, um breve panorama das linhas teóricas mais utilizadas na pesquisa e no ensino da literatura infantil para a orientação do trabalho em sala de aula, ou seja: a da crítica literária, a linguística, a histórico-social, a semiótica, a didático-pedagógica, a psicanalítica e a comparatista.

É absolutamente importante perceber que a chamada literatura infantil/juvenil possui poucos trabalhos oriundos da mesma corrente da crítica literária que se ocupa de estudar as grandes obras da literatura universal e brasileira.

A literatura voltada para crianças e jovens ainda é vista por vários acadêmicos e por parte dos críticos literários como uma literatura de menor valor, talvez pela sua origem e pela sua associação frequente com os textos de prática pedagógica. Nomes notáveis dessa corrente que se ocupa da análise de obras do gênero são, frequentemente, os mesmos que construíram carreiras voltadas para a área em grandes universidades, ou seja, num determinado momento de suas pesquisas, voltaram seu olhar para esse tipo de texto.

De certo modo, a crítica literária às vezes se distancia da tarefa de estabelecer parâmetros de análise para obras da literatura infantil e juvenil, seja em razão de as últimas se construírem por meio de múltiplas linguagens, fato que a crítica tradicional não considera, seja pelas temáticas ou pela construção da linguagem verbal, fatos esses que também muito se afastam da literatura produzida para outros públicos.

Muitos são os trabalhos que olham a literatura para crianças e jovens com o objetivo de explorar questões linguísticas desse tipo de texto, como as marcas da linguagem oral nele presentes, diferentes tipos de registro do português em função da região onde o texto tem origem ou a faixa etária de seu público-alvo etc.

O que se percebe nos estudos realizados nessa perspectiva é, na sua maioria, um quase esvaziamento do aspecto literário ou artístico presente na obra, isto é, a obra passa a ser encarada numa função pragmática, desvinculada de seu ideal artístico.

A chamada perspectiva histórico-social tem como objetivo estudar a literatura infantojuvenil numa situação diacrônica: buscando, por meio de evidências históricas, as relações produtoras de textos que se relacionam a determinado momento da história e como tal tipo de texto tomou as características que hoje constituem a literatura para crianças e jovens.

Buscar toda a genealogia da construção da narrativa ocidental a partir de textos orientais, por exemplo, até chegar ao gênero da fábula ou do conto; pesquisar as relações entre texto, história e movimentos sociais e verificar os suportes utilizados para a veiculação de diferentes gêneros textuais, bem como a relação entre texto e dinâmica de leitura, fazem parte desse tipo de perspectiva.

Assim, a convivência social e as formas de expressão das sociedades mais antigas são importantes estudos para que se expliquem as razões pelas quais os grupos foram criando métodos de passar as suas experiências de vida para as futuras gerações; nesse estudo, também pode ser pesquisada a origem da infância como criação cultural, criação essa que se modifica com o passar do tempo.

Tal perspectiva olha, atentamente, a temática de alguns textos produzidos para a sociedade como um todo, que, em constantes processos de adaptação, receberam o rótulo de literatura para criança. Entre várias obras pode ser citada *As Viagens de Gulliver*, livro que, em sua época, era uma crítica à civilização utilitarista e um meio deslumbrante para se observar a questão da alteridade[12]. Com o passar do tempo e suprimidos alguns capítulos, a obra se torna uma aventura vivida por um gigante.

---

12 Entende-se alteridade como o ato de se colocar no lugar do outro numa relação interpessoal e com ele dialogar, considerando o seu espaço individual tanto entre indivíduos como entre grupos culturais, religiosos, científicos, étnicos etc.

Outra boa contribuição que tal perspectiva oferece ao estudioso da área é a confecção de dicionários críticos, nos quais a produção para crianças figura associada à de outros autores e períodos, fornecendo um panorama temporal de produção desse tipo de livro.

Portanto, essa perspectiva tem como objetivo olhar a obra como produto da sociedade na sua busca por comunicação, estética e perpetuação de experiências, experiências essas que partem da individualidade do autor à socialização dessa experiência num momento histórico definido e que pode ser levado para outros tempos e grupos sociais.

Importante ressaltar que esse enfoque de cunho histórico-social tem estreitas ligações com a perspectiva comparatista que será mencionada no decorrer deste capítulo.

Fundamentado ou nos estudos do Projeto Semiótico Greimasiano ou na semiótica de Pierce, esse tipo de enfoque tem como principal questão a análise da obra como um conjunto de signos que constituem um discurso, uma perspectiva que busca, nas diferentes linguagens que constroem o texto (já que a literatura para crianças e jovens tem na contemporaneidade um hibridismo no que se refere às linguagens utilizadas na sua composição), seu instrumental primeiro de análise.

Os estudos baseados em Greimas procuram fazer uma análise imanente do texto, partindo de elementos mais concretos e perceptíveis na manifestação textual (personagens, espaço, ações concretas etc.) para, em momentos posteriores, buscar nas camadas mais profundas da estrutura textual o nível mais abstrato, em que se podem verificar as relações de valores culturais de que o texto trata.

Pela própria historicidade do gênero, não se deve descartar a literatura para crianças e jovens como um objeto de estudo ou de ensino nos cursos de formação de professores ou como área de programa de pós-graduação. Isto é, literatura para a criança deve ser oferecida como arte e prazer, arte porque é o resultado de um fazer estético do(s) autor(es) e prazer porque o contato com a arte pode ser encarado desde a mais tenra idade como uma experiência ricamente prazerosa, capaz de nos envolver e trazer novas dimensões ao cotidiano.

Desse modo, podem ser criadas atividades de leitura literária que diminuam a distância existente entre o livro e os leitores, muitas vezes causada pelos constantes processos de escolarização desse tipo de leitura e até mesmo da literatura, quando associada apenas ao caráter de obrigatoriedade dos fazeres escolares.

Assim, a perspectiva pedagógica para a pesquisa-ensino de literatura infantil tem como objetivo voltar a atenção de futuros profissionais da educação para sua diversidade, no sentido de que um livro pode ser aplicado em atividades lúdicas, artísticas e como importante aliado das práticas docentes que envolvem o ler, o escrever e, principalmente, o desenvolvimento de posturas investigativas e críticas do aluno, pois ensinar a pensar é também uma das funções mais importantes da escola.

Aliada a essa perspectiva de cunho pedagógico, outras são igualmente importantes. Por meio da preparação de novos profissionais para o trabalho com o livro, podemos levar o ambiente escolar a entender e questionar aspectos históricos e sociais de um povo, educar o olhar para o universo de imagens e signos do mundo contemporâneo e, ainda, perceber comportamentos e atitudes de alunos ou grupos de alunos.

Outro fator de relevância para que se atente a essa perspectiva é a criação dos PCNs, derivados da LDB (Lei n. 9394/1996), que deram origem aos temas transversais. Nesse ponto, a literatura pode e deve ser vista como ferramenta importante para o início das discussões geradas pelos temas, como a pluralidade cultural e ética, entre outros, trabalhando no sentido de formar cidadãos éticos, plurais e participativos.

Não se deve colocar de lado, nesse enfoque, a questão dos suportes textuais, pois cada época, em razão de suas conquistas tecnológicas e de seus saberes, presenciou a veiculação dos textos de maneira diferente e mais adequada às suas relações sociais.

Estudar a leitura da literatura, seja ela para crianças ou não, é, em última análise, estudar como o homem se relaciona com os demais e com o seu meio. Isso faz com que o profissional encontre meios adequados até para a difusão dos próprios textos em sala de aula. Assim, buscam-se novos métodos e suportes textuais para satisfazer às necessidades dos curiosos internautas de hoje.

Portanto, não é porque a literatura para crianças e jovens pode ser investigada sob essa perspectiva que ela se torna menor ou deixa de ser arte; pelo contrário, abrem-se, por meio dela, novas possibilidades interpretativas para que os docentes possam olhar com mais cuidado e com mais segurança para os livros e as atividades por meio deles criadas e aplicadas.

Essa orientação teórico-metodológica tem algumas relações com a perspectiva psicanalítica, pela razão de buscar nos estudos da psicologia elementos que possam trazer orientações sobre as fases de amadurecimento da criança. Perceba-se que, nesta perspectiva que se nomeia didático-pedagógica, encontra-se muito mais vínculo com a psicologia do que com a psicanálise propriamente dita.

Fundamentada principalmente nos estudos da psicanálise de Freud e Jung, a perspectiva psicanalítica encontra na literatura para crianças e jovens um importante recurso para os estudos da psique e do comportamento humano.

Os principais trabalhos desenvolvidos sob a perspectiva psicanalítica têm, entre outros gêneros literários, os contos de fada como seu principal objeto de estudo, visto serem eles valiosos elementos para que se estudem, por exemplo, os arquétipos e símbolos das relações humanas, sociais, familiares e de gênero.

Nos contos de fada, podem ser vislumbrados indicativos de comportamentos que sinalizam importantes questões ligadas à sexualidade, aos complexos de Édipo e de Narciso, entre outros. Por exemplo, em *Branca de Neve* e *Cinderela*, a perda da figura da mãe e a consequente inserção da figura da madrasta são de grande valor para que se questione o papel da mulher, sua relação com pai e mãe e a resolução de questões edipianas.

Abordagens de Melanie Klein podem referenciar outros contos, os quais fornecem subsídios para que se possam analisar fatores relacionados à solução de problemas ligados ao crescimento e ao amadurecimento, como a saída do lar e a escolha de seus próprios caminhos, como se verifica em *Chapeuzinho Vermelho* e *João e Maria*. A floresta – figura recorrente em uma considerável quantidade de textos tradicionais – é rica metáfora dos rituais iniciáticos e das etapas a serem ultrapassadas para que o ser humano consiga crescer e alcançar a sua maturidade de maneira plena.

A maior parte dos trabalhos desenvolvidos nesta perspectiva toma os contos de fadas como objeto de análise, mas outras obras também se mostram muito valiosas para essa visão, já que a sociedade procura discutir questões como a alteridade, a sexualidade e a violência no âmbito escolar e, desse modo, pais, educadores e outros profissionais envolvidos no processo de educação encontram, nos estudos que se fundamentam na psicanálise, importantes aliados para a resolução de questões inerentes ao comportamento humano.

Do que já foi exposto, pode-se ter a ideia de que nenhuma das perspectivas citadas anteriores se sustentam isoladamente; também é preciso ter em mente que o trabalho de pesquisa e a prática de ensino da literatura não devem ser restritos ao âmbito da teoria da literatura tradicional.

Nessa linha, a perspectiva comparatista, que começa a ser utilizada em pesquisas sobre a literatura para crianças e jovens e tem sua origem na literatura comparada, vem se tornando cada vez mais apropriada para levar o indivíduo a relacionar uma determinada obra literária com o seu contexto de produção e com outros textos, num diálogo mais abrangente em busca das relações de alteridade no âmbito das trocas culturais.

Desse modo, essa orientação procura inserir uma obra num âmbito textual mais amplo, já que nenhum texto nasce isolado na sociedade. Buscar contextos de produção e recepção, relacionar a obra com a sociedade que a produziu, procurar nessa mesma sociedade as questões que fizeram emergir um dado texto são questões envolventes e cujo trabalho pode se transformar em grande elo interdisciplinar, já que esse tipo de análise se constituirá numa linha fronteiriça e necessitará de auxílio de outras áreas do conhecimento.

Um texto de jornal, uma peça publicitária ou uma novela de televisão podem ter relações de fundo com obras de cunho literário. Uma pintura ou uma escultura podem ser diferentes formas de materialização de um discurso que marca um conflito de valores sociais em determinada época.

Além disso, buscam-se as relações de interface entre os textos e os movimentos socioeconômicos e culturais desencadeadores de uma série de transmigrações artísticas, tais como as temáticas, os gêneros e as possíveis influências exercidas no âmbito cultural e artístico por meio de processos colonizadores, por exemplo.

Mais do que entender as escolas literárias e seus principais representantes, diferenças específicas entre um gênero e outro, forma-se um leitor a partir das relações que ele consegue estabelecer por meio do diálogo de uma obra com outras, do mesmo tempo ou de tempos diferentes; da obra literária com outros gêneros discursivos; da época de enunciação da obra em questão com outros tempos, com outros homens, com outras sociedades.

Nessa perspectiva, o diálogo se inicia na obra e a ela retorna, após uma longa cadeia de associações com outros saberes. Nessa viagem, a pluralidade do leitor vai sendo construída – seja porque busca outros textos para esses diálogos, seja porque aprende a importância do próprio diálogo. Tem-se, nesse entendimento, uma exploração de todos os elementos desencadeadores da gênese da obra literária. Por ser um estudo de fronteira com outras disciplinas e ciências, o cuidado que o estudioso deve ter é centrar-se no seu objeto literário, para que a pesquisa não se torne uma pesquisa sociológica, política ou antropológica, por exemplo.

O propósito desta parte do diálogo era apresentar, ainda que de maneira panorâmica, as perspectivas de pesquisa e de ensino da literatura para crianças e jovens mais utilizadas no Brasil.

Não se pretendeu atribuir juízos de valor sobre o maior ou menor alcance ou validade desses quadros teórico-metodológicos, prestigiando essa ou aquela maneira de encarar o objeto de estudo. A partir desta discussão, o que se pode fazer é afirmar que, em todas elas, há uma necessidade específica a qual se pretende satisfazer com o estudo pretendido e, principalmente, que todas elas se complementam e representam importantes avanços de olhar para esse tipo de literatura produzida para um público tão particular.

A partir do que foi exposto, nota-se a importância que cada um desses olhares tem na sua contribuição para o entendimento do gênero, pois se sabe que a própria concepção de infância surgiu de alterações profundas das relações sociais e, desse modo, tanto a infância como a literatura para ela produzida ainda contempla uma gama inesgotável de variações.

Nem a conceituação de infância, nem os livros elaborados para o público infantil e nem mesmo a sociedade são estanques e alheios a mudanças; pelo contrário, modificam-se e conclamam grandes mudanças das ciências que as tomam como objeto de estudo.

Dessa maneira, percebendo o caráter híbrido e fronteiriço do objeto de estudo, num primeiro momento uma das perspectivas se sobrepõe às outras em termos da metodologia e da abrangência de sua atuação: a perspectiva comparatista. Utilizando-se dessa perspectiva, o estudioso consegue se aproximar de diferentes questões sobre o problema central, ao mesmo tempo em que se cerca de diferentes campos de estudo para um entendimento mais global do seu objeto.

Para avaliar a possível inserção de um livro de literatura para crianças na sala de aula, o professor deve ficar atento aos seguintes pontos:

a) consonância com leis educacionais e projetos pedagógicos das escolas, ou seja, verificar se a linguagem e as possibilidades de trabalho com a temática discutida pelo livro vão ao encontro das propostas pedagógicas da escola e, mais ainda, se elas seguem as leis educacionais a fim de que não se adotem livros que possam prejudicar a formação do aluno;

b) adequação das linguagens ao tipo de leitor, já que não resolve oferecer um livro que não seja coerente com a etapa de alfabetização que o indivíduo se encontra, fato esse que pode distanciar o aluno da leitura e da literatura;

c) adequação de temática ao nível de amadurecimento da criança, pois os diferentes temas devem ser propostos para leitura e discussão desde que a criança possua o amadurecimento psicológico necessário para que a conversa seja proveitosa e efetivamente apreendida;

d) possibilidade de discussão de temas relevantes ao universo interno e externo do jovem leitor, isto é, a leitura deve ser uma atividade edificante, no sentido de promover o crescimento do aluno como agente modificador de um ambiente social;

e) em caso de literatura, verificar o grau de literariedade do livro proposto e se ele é realmente "literatura" ou um livro de apoio didático, a fim de que a criança possa perceber a diferença entre os tipos de leitura;

f) adequação de linguagem verbal com outras linguagens que compõem a obra, tendo em vista que a indústria editorial vem se aprimorando e oferecendo um leque de recursos que favoreçam a leitura sinestésica.

Acima de tudo, ao escolher um livro para o seu aluno, seja de literatura ou não, o educador deve perceber a importância de sua função como agente transformador da realidade social e buscar sempre o questionamento de atividades e instrumentos não condizentes com os valores de liberdade de pensamento e tolerância às diferenças.

Evidente que, depois da análise desse universo maior de compreensão que essa orientação pode proporcionar e em face de objetivos específicos para cada trabalho de pesquisa, serão buscados novas orientações teórico-metodológicas para que se alcancem de maneira mais clara e fidedigna os propósitos de cada professor no seu trabalho diário em sala de aula, além de oferecer um olhar mais apurado para as diferentes nuances que a literatura para crianças na sala de aula pode solicitar.

6. A LITERATURA INFANTIL NA SALA DE AULA

De acordo com sua função no âmbito da realidade escolar, podemos classificar os livros em:

DIDÁTICOS	DE APOIO DIDÁTICO	DE LITERATURA
aqueles que são referência para a aprendizagem das disciplinas formadoras do currículo	publicações utilizadas para aprofundamento dos diferentes tópicos de cada disciplina, enriquecendo a formação do aluno	livros de ficção, linguagem artística

Nesse quadro, é de suma importância a percepção dos livros de leitura literária como aliados no desenvolvimento da afetividade e da imaginação do aluno.

Antes de se refletir sobre algumas possibilidades de atividades com a literatura para crianças, deve-se tomar algumas atitudes para o trabalho com esse tipo de texto em sala de aula[13]:

a) entender que criança, indivíduo pertencente a um grupo social, é um aprendiz da cultura desse grupo e que a educação formal, ministrada nas es-

---

13 Para aprofundamento nesse tópico, verifique a obra de Nelly Novaes Coelho nas sugestões de leitura.

colas, deve ser construída como um prosseguimento desse aprendizado;

b) entender a literatura como um fenômeno de linguagem que resulta de experiências vivenciadas pelos autores dos livros. Essas experiências são existenciais, isto é, resultantes das vivências do autor na sua trajetória de vida; e são experiências sociais e culturais, pois cada indivíduo interpreta a vida e as relações humanas de acordo com os elementos que a sua sociedade e a sua cultura proporcionaram;

c) valorizar as relações existentes entre literatura, história e cultura, pois cada momento histórico e cada cultura criam uma estética própria para o fazer literário;

d) compreender a leitura como diálogo entre leitor e texto, entre contextos às vezes bastante diversos, e entender que essa atividade promove uma integração entre o momento da leitura (presente) e o da produção textual (passado), sendo capaz de estimular o imaginário e as emoções da criança;

e) perceber a variedade de linguagens e suportes textuais construtores dos universos textuais da contemporaneidade, sabendo que o papel principal da escola é partir da linguagem iconográfica para a verbal;

f) entender o espaço escolar como aquele em que podem ser desenvolvidas as primeiras relações do indivíduo com a sociedade, espaço responsável pelas primeiras lutas e pelas primeiras conquistas.

Daí a importância de o aluno exercitar atividades sequenciadas que o levem a compreender que a evolução se dá em processo, capacitando-o com confiança e perseverança para o enfrentamento dos desafios da vida.

Sobre essas relações do indivíduo com a sociedade, a própria LDB preconiza a necessidade de que temas inerentes à sociedade sejam discutidos em sala de aula.

Desse modo, a literatura pode e deve ser vista como um importante veículo para tais discussões, já que a literatura é a expressão máxima da arte e da alma de um povo.

Mas determinados gêneros textuais merecem leituras diferentes; assim, não se pode esperar que uma criança não familiarizada com um poema possa encontrar arte nessa modalidade textual. O poema requer uma especificidade e mais trabalho para que se desvendem os seus códigos.

Quando oferecemos um poema para a criança ler, é importante fazê-la tomar contato com a concretude da palavra poética, isto é, primeiro observa-se o trabalho com a palavra, sua sonoridade, seu ritmo e toda a musicalidade que o poema pode proporcionar. E aqui não se diz apenas de textos rimados como eram oferecidos antigamente; é importante que a criança perceba a musicalidade do verso livre, a escolha precisa das palavras para que se tenha um sentido único em determinado texto, a liberdade de criar, seja o criador o produtor do texto propriamente dito ou o leitor.

É importante que a criança se perceba produtora de texto no momento da leitura; daí a necessidade de se buscar textos em que a criança e o adolescente encontrem as vozes do seu grupo cultural, como o *Rap* e outras formas de expressão mais próximas da chamada cultura popular.

Há texto visual? Quais as relações entre visualidade e verbalidade? Instigue a criança, faça com que ela digira o texto, adentre as lacunas criadas entre as relações verbal/visual, estimule-a a reconhecer naquele texto as expressões artísticas de sua comunidade.

Foi possível verificar, nas pesquisas que construíram a ideia deste livro, as inúmeras possibilidades de diálogo que um texto ingenuamente visto como elaborado para crianças pode possuir. O papel daquele que trabalha com educação é fomentar todas essas possibilidades de visão de arte e de mundo.

Se o texto for narrativo, permita que a criança descubra todos os elementos estruturais da narrativa, como personagens, espaço, tempo, ações, entre outros. Propicie relações entre aquele microcosmo do texto literário e o macrocosmo do contexto social no qual ela está inserida.

Elabore perguntas cujas respostas sejam a observação da obra de arte em relação ao mundo que a rodeia, ouça atentamente o que as crianças têm a dizer, mesmo que num primeiro momento elas surpreendam com observações sobre a quantidade de páginas do livro ou o tamanho da letra; mesmo essas colocações são importantes quando questionamos a qualidade gráfica do livro ou a escolha por causa do tipo de leitor que abordamos anteriormente.

Estar atento aos vários meios de comunicação de que a sociedade faz uso é importantíssimo. Antes de recriminar a criança pelas horas gastas em frente a um computador, vasculhando hipertextos da internet, sejamos habilidosos na escolha de livros que tragam, na sua construção, linguagens adequadas para essas crianças acostumadas a navegar no ciberespaço, pois, quando se tem à disposição vídeos muito bem elaborados e textos animados por modernos recursos de computação gráfica, às vezes um livro com muito texto verbal pode ser mais um motivo para o distanciamento da leitura. Neste caso, o mundo sem fronteiras da internet pode ser o ponto de partida para discussões éticas sobre expressão individual *versus* responsabilidade planetária (por exemplo, discussão sobre a questão do racismo).

Trabalhar com literatura infantil em sala de aula é criar condições para que se formem leitores de arte, leitores de mundo, leitores plurais. Muito mais do que uma simples atividade inserida em propostas de conteúdos curriculares, oferecer e discutir literatura em sala de aula é poder formar leitores, é ampliar a competência de ver o mundo e dialogar com a sociedade.

As propostas aqui sugeridas pretendem apenas oferecer elementos para ampliar o projeto pedagógico da escola; evidentemente, a sua utilização em uma ou mais séries deverá ser precedida de uma avaliação diagnóstica para que se verifiquem as reais condições de leitura e o amadurecimento do aluno para tal atividade, dentre outros fatores. Em caso de classes com diferentes tipos de leitor (por exemplo, com portadores de deficiência), pode ser necessário um trabalho direcionado a pequenos grupos.

Outra observação importante é criar condições para que não se percam os objetivos destas atividades, isto é, partir do texto literário para viajar pelo mundo. O professor deve ser o guia dessas deliciosas viagens que possuem um porto de partida e outro de chegada: o universo da literatura.

6.1. QUEBRA-CABEÇA

Utilizando pequenos textos literários digitados (os mais indicados para esta atividade são os contos, as lendas e as fábulas), o professor recorta as partes da estrutura textual, como algumas do início, outras do desenvolvimento da narrativa e o seu final, para que as crianças montem o texto.

Esta atividade é muito útil para que o aluno

apreenda as estruturas textuais encontradas em diferentes tipos de narrativa de modo lúdico. Para as séries terminais do ensino fundamental, esta atividade também é eficaz nas atividades de produção textual se os textos forem mais extensos.

6.2. RODAS DE LEITURA E CONTAÇÃO DE HISTÓRIAS

Esta atividade tem como objetivo levar o aluno do ensino fundamental a encarar as atividades de leitura como continuidade das contações de história vivenciadas no âmbito do seu lar ou da sua comunidade, além de propiciar esse tipo de experiência àquelas crianças que por motivos diversos não tiveram a oportunidade de conviver com essa experiência tão ancestral.

Quando feita no pátio da escola ou em seus jardins, esta atividade estabelece contato com os livros de literatura de maneira diferenciada, em que o aluno vivencia formas de convívio tradicionais da nossa sociedade.

As rodas de leitura e contação de histórias podem ser um grande passo para discussões entre os alunos e o docente, fortalecendo seus vínculos.

A primeira história pode ser escolhida dentre aquelas oferecidas pelos livros indicados e, posteriormente, os alunos podem ser dispersos em pequenos grupos para novas rodas de leitura e contação de história, promovendo crescimento de lideranças no ambiente escolar de maneira participativa e lúdica.

É importante, como atividade específica da disciplina de língua portuguesa, o estudo de gêneros como *conto* e *lenda*, ampliando o conhecimento do aluno no que se refere aos gêneros textuais.

Outro fator a ser percebido é a importância do ponto de partida e de chegada desta atividade, ou seja, a atividade parte da palavra escrita, desenvolve-se na oralidade e retorna ao texto escrito; com isso, o aluno consegue vivenciar as possibilidades de inserção da literatura em sua comunicação diária e em suas atividades de lazer.

6.3. OFICINA DE ARTE

Em trabalho com os professores de educação artística, após a pesquisa das técnicas de trabalhos manuais mais adequadas a ser desenvolvidas pelos alunos e a leitura de textos literários indicados, são promovidas oficinas de arte com o objetivo de fazer, por exemplo, peças de argila, pintura em argila e madeira, pintura em tecido e bijuterias, pensando nas relações que esses objetos artesanais produzidos pelos alunos possam ter com elementos do texto, como as suas personagens, o espaço etc.

A atividade tem como objetivo o contato com expressões artísticas da identidade cultural brasileira, além de promover um olhar diferenciado para a estética e sua relação com diferentes universos culturais.

Nesta atividade, a comunidade pode ser inserida para a confecção de objetos artesanais que, além de desenvolver aptidões de criação estética e de uso da sensibilidade, podem contribuir para a discussão de importantes questões de saúde coletiva. Uma boa sugestão é partir da leitura literária para o aluno observar o seu entorno e transformar-se em agente de mudanças sociais.

6.4. OFICINA DE DRAMATIZAÇÃO

Por meio de um trabalho multidisciplinar, com professores de educação física, história, geografia e artes, por exemplo, são escolhidos textos literários para serem adaptados e, posteriormente, apresentados em festividades da escola.

Esta atividade tem como objetivo o estudo e a escritura de diferentes tipos de texto, reconhecendo suas especificidades, além de proporcionar aos alunos um contato mais profundo com as etapas da criação artística, já que o teatro envolve aspectos como cenário, preparação de ator, direção e iluminação, entre outros.

6.5. OFICINA DE EXPRESSÃO CORPORAL

Nesta proposta, por meio do contato inicial com as obras literárias, desenvolvem-se oficinas de expressão corporal, a fim de que o aluno possa apreender diferentes maneiras de se expressar. Pode ser inserida nesta atividade, além de danças e do contato com músicas de origem afro-brasileira, uma oficina de capoeira, já que esse tipo de esporte necessita de alto desempenho de atividade física, proporcionando a integração do professor de educação física.

No desenvolvimento desta atividade, é importante refletir com os alunos sobre a importância da expressão corporal em atividades características de nossa cultura, como as danças regionais e alguns esportes, como a capoeira.

6.6. LITERATURA NA REDE

Sabe-se que as crianças estão imersas na realidade digital e várias campanhas são feitas para a inclusão digital. O contato efetivo das crianças com o computador acaba ocorrendo, na maioria das vezes, com os sítios de jogos, e alguns não são muito recomendados.

Com esta atividade, precedida de uma pesquisa do professor, a criança pode descobrir uma infinidade de lugares literários na rede mundial de computadores. Grandes escritores de literatura infantil da atualidade mantêm páginas na internet com hipertextos nos quais a criança pode construir diversas possibilidades de leitura, interagindo na tela do computador. Alguns bons exemplos são: Ângela Lago, Sérgio Caparelli, Roseana Murray, Ziraldo, entre outros.

Com esta atividade, a criança pode descobrir que a literatura é veiculada em diferentes suportes textuais, construídos à medida que a sociedade amplia as suas potencialidades tecnológicas.

Algumas indicações de sítios na internet para esta atividade podem ser:

www.angela-lago.com.br
www.capparelli.com.br
www.docedeletras.hpg.ig.com.br
www.roseanamurray.com

Essas sugestões trazem palavras e textos do autor para que a criança possa interagir e ver a literatura em outro tipo de suporte textual. Num trabalho de pesquisa na rede mundial de computadores, o educador pode encontrar outros bons lugares de literatura hipermidiática para seus alunos.

6.7. A HORA DA NOVELA

Que tal o professor criar um tempinho durante a semana para ler um livro em pequenos capítulos?

Esta atividade pode despertar a curiosidade nas crianças de procurar o livro, de tentar descobrir o que acontece depois, além de o professor trazer para o aluno um gênero literário bastante antigo: a novela.

Para esta atividade, são sugeridos livros de aventura e mistério, pois esses são ingredientes poderosos para despertar a curiosidade nos "próximos capítulos", além de promover conversas sobre as personagens e o desenrolar da trama.

Um bom espaço para isso? O último momento de aula da semana ou um aquecimento para atividades de produção textual.

6.8. PROPAGANDA DE LIVRO

Quem já não sentiu vontade de falar sobre um livro de que gostou muito e incentivar um amigo a ler?

Esse é o objetivo desta atividade bastante gostosa para estimular o hábito de leitura e a inclusão da literatura na conversa das crianças. Proporcionando esse hábito, talvez os adultos não fiquem tão acanhados quando sentirem vontade de falar sobre um livro.

O importante nesta atividade é deixar a criança livre para expressar as suas opiniões sobre a obra que escolheu. Ela poderá dizer por que gostou e atribuir juízos de valor bastante livres sobre a obra, falar do impacto das personagens na obra, os afetos despertados e assim por diante.

Esta atividade talvez fosse criticada pela escola tradicionalista do passado, que, como vimos, tinha o objetivo de imitar valores e promovia atividades para memorização de conteúdos. Os professores devem se lembrar que a postura crítica também se constrói pelo aprendizado.

6.9. PERSONAGEM VIAJANTE

Esta atividade tem como objetivo levar a criança a iniciar as relações de intertextualidade, isto é, por meio de vivências com universos textuais semelhantes e distintos, o aluno vai perceber que os textos lutam entre si, trazem valores diferentes, entram em conflito ou se apropriam de elementos de outros textos para argumentar e construir as suas verdades.

A personagem viajante é uma proposta de atividade em que o professor escolherá e colocará em diálogo dois livros. A personagem principal de um assume o papel de protagonista do outro. Como serão as suas reações num universo diferente? Como a personagem vai se comportar diante de outra situação?

Com esta atividade, a criança tem a possibilidade de vivenciar, por meio da arte, as múltiplas escolhas que são colocadas diariamente na vida das pessoas, além de perceber as relações de semelhança e diferença entre as construções textuais.

6.10. MÁGICA COM PALAVRAS

A palavra utilizada pelo fazer literário é a mesma que se usa nas conversas do dia a dia? Às vezes é muito difícil explicar o emprego de palavras e construções para a criança. Em determinadas fases da construção do pensamento da criança fica impossível trabalhar com conceitos abstratos, nem é esse o objetivo de algumas etapas da educação. Pensando nisso, esta atividade pode ser de grande auxílio.

Nesta proposta, o professor faz uma seleção de breves poemas e oferece-os para leitura. Depois de brincar com as palavras e levar a criança a perceber as diferenças do texto em prosa do texto poético, são oferecidas algumas palavras para que cada aluno construa pequenos textos. Lembrar que as palavras podem assumir diferentes significados conforme o texto é importante para que a criança comece a entender a polissemia, a metáfora e outros fatores responsáveis por transformar a linguagem pragmática em linguagem literária.

Com certeza, a leitura posterior dos textos, além de grandes surpresas para o professor, será um momento mágico e divertido para todos na sala de aula.

6.11. FEIRA DE CULTURA

Fundamentada em todos os estudos e atividades que tiverem origem na leitura e discussão dos textos, a escola promoverá uma feira de cultura da qual farão parte a literatura, a contação de histórias, as artes plásticas, a dança, o teatro e, por que não, a culinária.

Pretende-se, desse modo, promover a integração entre família, alunos e educadores em torno da discussão da leitura e da cultura brasileira. Para a organização dessa feira, podem ser escolhidos trabalhos com os diferentes livros e mostrados para a comunidade os diferentes elementos culturais de nossa sociedade.

Propõe-se que esta atividade seja um momento em que pais e professores estejam envolvidos com os diversos momentos de montagem do evento para que a criança perceba toda a dimensão da literatura na vida cotidiana de uma sociedade.

Pensando nestas atividades e na variedade de formas[14] que a literatura para crianças tem assumido na contemporaneidade, quais os gêneros literários mais apropriados para que cada atividade seja eficiente? O quadro a seguir dá algumas sugestões.

---

[14] As células preenchidas no quadro indicam as sugestões de gêneros mais apropriados para cada atividade proposta. Importante verificar o tipo de leitor e o texto adequado para a sua competência de leitura. O quadro apresenta algumas propostas de trabalho; há outros gêneros que podem ser contemplados por estas atividades.

	livro de imagem	poema	conto	lenda	novela ou romance
Quebra-cabeça	✓		✓	✓	
Rodas de leitura e contação de histórias	✓		✓	✓	
Oficina de arte	✓	✓	✓	✓	✓
Oficina de dramatização		✓	✓	✓	✓
Oficina de expressão corporal	✓	✓		✓	
Literatura na rede	✓	✓	✓	✓	✓
Propaganda de livro	✓	✓	✓	✓	✓
Personagem viajante	✓		✓	✓	✓
Hora da novela					✓
Mágica com palavras		✓			
Feira de cultura	✓	✓	✓	✓	✓

Após a apresentação dessas propostas de atividade com a literatura, surge a pergunta de sempre: como formar leitores competentes?

A resposta é simples: só se formam leitores por meio de atividades de leitura, e estas devem ser compatíveis com a competência de leitura do indivíduo, mas devem oferecer meios e estímulos para que o leitor vença outras etapas, consiga decifrar novos códigos e se torne cada vez mais plural.

7. LITERATURA INFANTIL E LEGISLAÇÃO

Todos os anos, centenas de textos de literatura infantil são lançados no mercado editorial brasileiro e os órgãos governamentais, tanto na esfera federal como na estadual, investem grandes somas na aquisição e divulgação dessas obras.

Sabe-se que a literatura para crianças e jovens no Brasil teve um divisor de águas com Monteiro Lobato na década de 1920; mas, anteriormente, as escolas já promoviam a leitura de obras reconhecidamente de valor literário ao lado de outras também chamadas de literatura, porém com finalidade absolutamente pedagógica.

Percebe-se, dessa maneira, que literatura infantil, leis e práticas pedagógicas convivem bem próximas, e o fazer de uma está ligado diretamente ao fazer da outra. Seja na concepção do próprio livro, seu formato, suas ilustrações, o vocabulário empregado, seja na concepção de leitura e de literatura que a corrente pedagógica de cada época e ideologia acredita ser a mais recomendada na escola.

Para tanto, os profissionais da educação devem ter os seguintes critérios na seleção dos livros de literatura a ser adotados:

a) identificar o fiel cumprimento do aspecto político-ideológico das leis educacionais nos livros para crianças e jovens;

b) verificar as diferentes concepções de leitura literária em face das diferentes leis educacionais de cada época;

c) analisar a coerência das imagens e da linguagem presentes nos livros em função dos PCNs;

d) identificar as diferentes imagens que um povo falante de língua portuguesa e pertencente a uma determinada cultura faz do outro e como essas relações são produzidas esteticamente;

e) no que se refere ao texto visual, verificar se existe alguma manifestação de preconceito de qualquer natureza, pois tanto a LDB, como todos os seus desdobramentos preconizam uma educação democrática e a construção de indivíduos conscientes das diferenças presentes na sociedade;

f) a educação contemporânea abandona o aspecto conteudístico, centra e privilegia uma epistemologia centrada no *aprender a aprender*; nesse sentido, o educador deve avaliar quais as oportunidades de construção do conhecimento que a leitura de determinado livro pode oferecer.

Conforme já se comentou, os PCNs são as diretrizes elaboradas pelo governo federal para orientar a educação no Brasil e são construídos por disciplina. Além da rede pública, a rede privada de ensino também adota os parâmetros, porém sem caráter obrigatório.

Verificou-se que, como desdobramento, os temas transversais constituíram um conjunto de temas de grande relevância para uma educação que visa a formação de sujeitos realmente capazes de conviver em harmonia, respeitando as diferenças sociais, étnicas e culturais de um país como o Brasil.

Entre esses temas, destacam-se a ética, que envolve todas as atividades e relações humanas, e a pluralidade cultural, já que a identidade cultural do povo brasileiro se desenha pela multiplicidade, pelo caráter híbrido.

A Lei n. 11.645, já transcrita anteriormente, preconiza que elementos dessas culturas que contribuem para a construção da identidade cultural do povo brasileiro devem fazer parte integrante do currículo de algumas disciplinas e, entre elas, a literatura.

Assim, as propostas de trabalho com a literatura e a leitura feitas anteriormente podem servir de base para o desenho deste trabalho, ou seja, atividades como as rodas de leitura e contação de histórias, por exemplo, podem trazer para a criança o contato com importantes elementos dessas culturas, como a figura do griô e do baobá em algumas culturas da África.

Os griôs são homens quase sagrados para alguns povos de culturas africanas; eles são responsáveis pela transferência dos saberes dos antepassados às novas gerações por meio das suas histórias, narradas em rodas animadas à luz de uma fogueira. Comenta-se que os griôs tecem fios do céu e têm a capacidade de trazer essas histórias diretamente dos deuses.

Na escolha dos livros adotados para o cumprimento dessa lei, deve-se atentar para aqueles que realmente tragam elementos importantes para o conhecimento dessas culturas na construção da identidade plural do povo brasileiro, já que esse mecanismo legal foi responsável por trazer à porta da sala de aula vários textos não representativos dessas vertentes culturais.

Outras leis visando a promoção de uma educação mais inclusiva e democrática podem surgir. É importante que o professor e todos os profissionais envolvidos na educação estejam atentos para que a escola realmente seja um lugar propício para o desenvolvimento de indivíduos responsáveis pela construção de uma sociedade mais igualitária e justa.

8. AVALIAÇÃO DAS ATIVIDADES DE LEITURA

As relações entre a literatura e a escola e as dificuldades de avaliar são bastante antigas e conhecidas pelos educadores. A literatura para crianças talvez tenha relações tão profundas com a escola e com a avaliação que às vezes é confundida com mero instrumento pedagógico destinado a reprovar ou dificultar a vida do aluno.

Apesar de a sociedade viver imersa em múltiplas linguagens e vários suportes textuais, a escola ainda privilegia, na maioria de suas atividades, critérios e instrumentos de avaliação da linguagem verbal escrita em norma culta.

Sendo a literatura uma arte construída pela palavra escrita, é evidente que as atividades de escritura têm um espaço importante; outros critérios e instrumentos de avaliação podem ser propostos para verificação do aproveitamento das atividades nesse campo da linguagem.

Ao estabelecer os critérios que utilizará para avaliação, o professor precisa verificar o tipo de atividade desenvolvida e o conteúdo apreendido que deseja conferir no processo de avaliação; desse modo, se nas séries iniciais a proposta é inserir os pré-leitores no universo da arte, a simples observação das reações dos alunos durante o desenvolvimento de cada atividade já se configura um importante instrumento de avaliação.

Do leitor iniciante em diante, é evidente que a expressão escrita é um elemento importante para o processo de avaliação, e esses instrumentos não devem ser constantemente repetidos, não podem ser reduzidos a fórmulas, pois cada gênero literário e cada obra de literatura comporta um tipo de verificação de aproveitamento.

As propostas de atividades sugeridas anteriormente já comportam a avaliação do seu aproveitamento, tanto do aluno como do professor; assim, o profissional da educação deve perguntar a si mesmo:

– A atividade foi planejada e executada de maneira satisfatória?

– Houve interesse e envolvimento dos alunos no desenvolvimento da atividade?

Com base nesses questionamentos, o professor tem mais segurança para avaliar o produto de cada atividade proposta, levando sempre em consideração que o ensino de literatura tem como objetivo primeiro a formação de leitores literários. Então, a avaliação deve ser contínua e formadora no sentido de que o conjunto das experiências de leitura deve ser levado em grande conta, além de a própria avaliação indicar as diretrizes para futuras atividades.

Como se pode perceber, a maioria das atividades propostas tem como resultado algum tipo de produção, e todas elas oferecem condições para o envolvimento de outras disciplinas, de um conjunto de profissionais, daí a importância de, no momento do planejamento da execução dessas propostas, os professores indicarem os critérios para a avaliação em conjunto, tendo em mente quais as habilidades e competências importantes para cada disciplina.

A vez e a voz do aluno têm um lugar de suma importância no momento da avaliação, pois é ele que vai falar sobre a sua atividade de leitura: as expectativas e as experiências dela adquiridas.

Quando se comentarem as diferentes possibilidades de pesquisa e ensino da literatura, é importante que o professor verifique quais são as suas expectativas com o oferecimento do livro para o seu aluno.

O objetivo é ampliar a sua competência na produção de textos ou auxiliar nas práticas de língua portuguesa? Então atividades de linguagem verbal escrita assumem um papel de grande relevância.

A proposta com o texto literário é conhecer determinado momento histórico e social? Nota-se que o conhecimento desses fatores passa a assumir uma importância maior nos critérios de avaliação a ser adotados. E, assim, é o objetivo da atividade com o texto literário que desenha os critérios e instrumentos de avaliação.

Importante é refletir que há vários livros de apoio pedagógico para o estudo de vários conteúdos e temas; quando se oferece um texto literário, o contato com a arte da palavra escrita e a educação do olhar para a arte devem ser o ponto mais importante, nos objetivos e na avaliação a ser feita pelo professor de língua portuguesa.

Outras disciplinas, no entanto, podem contribuir com o aluno desde o início da sua formação escolar, por meio de conversas sobre as temáticas veiculadas na e pela obra literária. Desse modo cria-se uma possibilidade de o aluno, desde cedo, investir múltiplos olhares para a obra literária e, por meio deles, o professor direcionar os processos de avaliação de maneira mais abrangente, diversificada e sem os problemas que um processo de avaliação tradicional pode acarretar.

9. CONSIDERAÇÕES FINAIS

Na apresentação, não se propôs esgotar o tema, mesmo porque a discussão sobre a produção literária para crianças abarca vários pontos de vista e várias nuances, tanto teóricas como metodológicas.

O que se procurou foi exatamente propor algumas discussões sobre o gênero literatura infantil, sua origem, como ele tomou uma importante fatia no mercado editorial e algumas perspectivas de leitura e trabalho em sala de aula para auxiliar os professores.

Das perspectivas de leitura, ressaltem-se os diálogos com outros textos e com os valores veiculados na própria sociedade, para extrair aquela visão de que literatura infantil é coisa só para criança, ou literatura de menor valor.

Deste livro, pretende-se que o profissional de educação consiga esboçar algumas leituras que, com certeza, podem e devem ser ampliadas com a riqueza da visão e da história de vida de cada educador ou indivíduo que procura oferecer um livro e os momentos de reflexão e diversão que ele possibilita para a criança.

O mais importante é que, antes de o adulto, professor ou não, dirigir-se à criança com receitas prontas sobre o que ler, como ler e o que responder em provas que nada acrescentam – a não ser a distância entre a criança e a leitura –, ele tenha a sensibilidade para perceber o que ela deseja ler e ver, saiba ouvir o que a criança pensa sobre aquele livro que lhe foi oferecido.

Espera-se que, acima de tudo, esteja de mente aberta e disponível para aprender com as possibilidades de leitura de mundo e de vida que uma criança pode ensinar, construindo esse conhecimento por meio da leitura de bons livros e com professores bem preparados para as atividades diárias no espaço escolar.

10. SUGESTÕES DE LEITURA

As indicações de leitura a seguir têm como objetivos o aprofundamento do estudo das questões acerca de literatura infantil citadas nesta obra e o oferecimento de algumas indicações de livros para crianças para o trabalho em sala de aula em face das atividades propostas anteriormente.

O estudo minucioso dos PCNs, das publicações oficiais sobre os temas transversais e as discussões na escola sobre as leis educacionais são de fundamental importância para a pesquisa do professor e o desenvolvimento das atividades didático-pedagógicas.

Evidentemente, aqui são listadas apenas algumas sugestões dos muitos livros que nortearam esta pesquisa ao longo de vários anos, muitas outras obras podem enriquecer a pesquisa de cada educador em razão das suas necessidades pessoais de estudo. Bom trabalho!

10.1. APOIO TEÓRICO-METODOLÓGICO

10.1.1. COELHO, Nelly Novaes. *Literatura Infantil: Teoria, análise, didática.* **1.ª ed., São Paulo: Moderna, 2000.**

A autora, pesquisadora internacionalmente reconhecida, explora em linguagem bastante envolvente e acessível várias questões sobre a literatura para crianças. Desde um breve panorama histórico, a natureza e a forma do gênero, os tipos de leitor citados nesse livro até várias sugestões de atividades e pesquisas na área.

10.1.2. LAJOLO, Marisa e ZILBERMAN, Regina. *Literatura Infantil Brasileira: História & histórias.* **São Paulo: Ática, 2002.**

Nomes igualmente importantes na pesquisa da literatura infantil, esse livro contextualiza a literatura para crianças no âmbito nacional. Analisa o surgimento do gênero no Brasil, autores e obras em relação à época e aos ambientes sociopolíticos e educacionais. Ao final oferece um valioso cronograma histórico-literário.

10.1.3. CAMARGO, Luís. *Ilustração do Livro Infantil.* **Belo Horizonte: Lê, 1995.**

Também utilizado como fonte de pesquisa desse livro, a obra de Camargo sistematiza importantes elementos acerca da ilustração do livro para crianças. Apesar de ser uma obra de quase duas décadas, sua leitura é importante para um olhar diferenciado para a linguagem visual tão presente nos livros de literatura infantil.

10.1.4. FREITAS, Marcos Cezar de (org.). *História Social da Infância no Brasil.* **São Paulo: Cortez, 2006.**

Conhecer momentos histórico-sociais na construção da infância no Brasil é de fundamental importância para os educadores entenderem a criança de hoje e os universos culturais em que são inseridas.

Com preciosas reflexões de importantes pesquisadores, o livro instiga a pesquisa da infância como produto social e histórico.

10.1.5. CHARTIER, Roger. *A Aventura do Livro: Do leitor ao navegador.* **Tradução de Reginaldo de Moraes. São Paulo: Editora da Unesp / Imprensa Oficial do Estado de São Paulo, 1999.**

Conhecido internacionalmente como uma das grandes referências sobre a leitura, este livro de Roger Chartier esboça, em linguagem muito acessível, a historicidade do leitor e os diferentes suportes textuais na construção histórica da leitura.

Além de conter um texto enriquecedor para o trabalho com a leitura, o livro oferece ricas ilustrações sobre o tema.

10.1.6. ARIÈS, Philippe. *História Social da Criança e da Família.* **2. ed., Rio de Janeiro: Guanabara, 1986.**

Autor de grandes obras sobre história social, Philippe Ariès utiliza-se de uma pesquisa de fundamentação sociológica; o autor traça uma história da construção da infância por meio da análise de obras de arte e, desse modo, investiga elementos decisivos para que a infância seja entendida como produto social.

Há novas edições; a indicação desta se justifica em razão de ter sido a fonte de consulta do autor.

10.1.7. SECCO, Carmen Lúcia Tindó (org.). *Entre Fábulas e Alegorias. Ensaios sobre literatura infantil de Angola e Moçambique.* **Rio de Janeiro: Quartet-UFRJ, Centro de Letras e Artes, 2007.**

A organizadora, conhecida por sua pesquisa de literaturas africanas de língua portuguesa, organiza vários e bons ensaios com a participação de alunos da pós-graduação em Letras Vernáculas da UFRJ.

Esse livro pode contribuir para o conhecimento da variedade de histórias desses dois países, principalmente para que o educador aplique os preceitos da Lei n. 11.645 de maneira mais segura.

10.1.8. CEREJA, William Roberto. *Ensino de Literatura: Uma proposta dialógica para o trabalho com literatura.* **São Paulo: Atual, 2005.**

A obra mostra o detalhamento de uma pesquisa bastante minuciosa sobre a leitura e o ensino de literatura no Brasil, com dados estatísticos comentados e aprofundados pela experiência profissional do autor.

Várias metodologias de ensino de literatura são discutidas e, ao final, Cereja lança a proposta da perspectiva comparatista, muito apropriada para a construção do leitor plural que se comentou nesse livro.

10.1.9. JOUVE, Vincent. *A Leitura*. Tradução Brigitte Hervor. São Paulo: Editora da Unesp, 2002.

Alguns aspectos desse livro foram abordados nos conceitos iniciais. A importância de sua leitura está na clareza com que o autor expõe o processo da leitura em suas diversas perspectivas.

Fundamental para que o professor entenda a leitura como uma atividade complexa e possa dimensionar de maneira eficiente as atividades de ensino e pesquisa na sala de aula.

10.1.10. CÂNDIDO, Antonio. *Literatura e Sociedade*. São Paulo: T. A. Queiroz-Publifolha, 2000, e *Formação da Literatura Brasileira. Momentos decisivos*. Belo Horizonte: Itatiaia, 2000.

Essas duas obras de Antonio Cândido, bem como outros trabalhos publicados pelo autor, pesquisador e professor reconhecido internacionalmente, são de extrema importância para aquele professor que tem em mente o aprofundamento da pesquisa das relações entre momentos histórico-sociais do Brasil e suas relações com a literatura.

As duas são obras fundamentais para que se possa pensar a gênese e a trajetória do fazer literário no país.

10.2 LITERATURA INFANTIL[15]

10.2.1 BANDEIRA, Pedro. *É Proibido Miar*. 21. ed., São Paulo: Moderna, 1983.

O livro de Bandeira, de conteúdo bastante atual e escrito de maneira sensível, mostra a temática de rejeição pelo diferente. A personagem principal, o cachorrinho Bingo, sonha com a liberdade de um gato que observa todas as noites no telhado. Quando é chamado pela família para mostrar a sua competência como cão, em vez de latir solta um belíssimo miado. Neste ponto começa a sua aventura para descobrir sua identidade e ser feliz com as suas aptidões.

É Proibido Miar é indicado para leitores iniciantes e um ótimo livro para trabalhar a atividade aqui chamada de personagem viajante, já que apresenta relações de intertextualidade com textos bem conhecidos pela criança, como *O Patinho Feio*.

---

15 Não foram inseridos nesta relação livros apenas com texto visual em razão de a maior parte dos educadores das séries iniciais já o possuir em seu acervo. Valem como algumas indicações os livros de Eva Furnari, Helena Alexandrino e Tatiana Belinky, entre outros.

10.2.2. ROCHA, Ruth. *O Menino Que Aprendeu a Ver*. 4. ed., São Paulo: Quinteto, s.d.

Nessa obra, a personagem central é manipulada por um desejo de compreender o mundo provocado pela própria sociedade essencialmente baseada em signos, entre eles o verbal (na sua expressão escrita).

O desejo de conhecer o mundo dos signos é maior do que o desejo de brincar. A temática é a da aquisição da competência de "entender o mundo". A mãe e a professora são adjuvantes do processo: a primeira o leva à escola, e a segunda o insere de maneira efetiva no mundo dos signos, no universo da leitura, o universo cultural.

Há um prêmio reservado para a personagem. Aprendendo a ler, passa a compreender o mundo que a rodeia. Essa recompensa transmite um valor ideológico: a importância do ato de ler é a própria formação do ser enquanto cidadão (ser participante de uma sociedade).

Esses são os elementos que constroem a base do texto, que se referem à posição que o indivíduo ocupa no mundo em função do conhecimento e domínio da língua (cultura).

A alfabetização é mostrada como elemento-chave para a compreensão do mundo, mas deve seguir um "ritual", de acordo com o que a sociedade prescreve. Só há ordem no caos que é o mundo na medida em que se está protegido por uma cultura. É pelo "filtro" da cultura que se entende o mundo.

Essa ideologia da importância do ato de ler constitui a base de significação do texto, pois a obra de Ruth Rocha discute a formação do cidadão por meio da aquisição da competência de "saber ler", doada exclusivamente por uma instituição (escola).

Com leitores iniciantes, o professor terá uma grande quantidade de atividades para desenvolver com esse livro.

10.2.3. ZIRALDO. *O Menino Mais Bonito do Mundo*. Ilustrado por Sami Mattar e Apoena Medina. São Paulo: Melhoramentos, 1989.

Todo o texto apresenta excelentes relações de intertextualidade com o texto bíblico. Sem ser doutrinária, a obra consegue fazer com que o seu leitor, de iniciante a crítico, progrida na leitura e nas relações com o mundo que o rodeia, à medida que se passa de uma estrutura para outra – todas com forma textual semelhante, mas com conteúdos diferentes, pelo recurso do paralelismo.

O texto é uma paráfrase da passagem bíblica da criação do homem e sua vida no paraíso construído por Deus até a descoberta do amor.

Do ponto de vista da função da ilustração, percebemos, num primeiro momento, a presença das funções narrativa e descritiva, já que o encaminhamento do texto verbal é seguido pelo texto visual. Mas a função simbólica também é bastante marcada, ficando para ser observada por leitores fluentes ou em processo, já que, para os símbolos serem percebidos em relações de intertextualidade, há a necessidade de um leitor mais "plural".

Há que se destacar, a propósito do que foi mencionado, que o texto escrito acompanha o visual e, consequentemente, progride em recursos sintáticos, ampliando-se, como o faz a ilustração. As possibilidades de desenvolvimento de atividades em sala de aula são inúmeras.

10.2.4. BUARQUE, Chico. *Chapeuzinho Amarelo*. Ilustrado por Ziraldo. Rio de Janeiro: José Olympio, 2003.

O texto verbal desse livro é uma paráfrase bem particular do conto *Chapeuzinho Vermelho*. A personagem central, Chapeuzinho Amarelo, é construída como uma criança que tem medo de tudo.

O texto verbal demonstra o medo da personagem pela incapacidade da menina de realizar várias ações por causa do medo que toma conta de seus pensamentos.

A própria linguagem verbal já traz a repetição da palavra "amarelo", seja no nome da personagem, seja na adjetivação dela. Esse "amarelar", utilizado na linguagem popular e na literatura brasileira, é uma referência metafórica ao medo. A primeira ilustração da personagem traz todo seu rosto pintado de amarelo.

Apesar de o texto ser construído em prosa, ele apresenta uma rica sonoridade. O ritmo é facilmente percebido, e as associações ficam mais jocosas ainda.

Cria-se um universo textual extremamente rico: a criança se percebe no momento em que há a percepção da personagem, identifica-se com a postura e com a maneira de agir dela, de mudar de atitudes e enfrentar os medos. Qualquer tipo de leitor percebe que o maior medo é o que criamos, e é ele que passa a ser nosso maior inimigo.

Essa obra utiliza-se de figuras já conhecidas do universo cultural que, por meio da paráfrase, são atualizadas, criando um texto mais adequado para a criança contemporânea. Atividades como rodas de leitura e personagem viajante enriquecerão as leituras desse livro, desde os pré-leitores até os leitores em processo.

10.2.5. MURRAY, Roseana K. *Retratos*. Belo Horizonte: Miguilim, 1997.

O tema família é discutido de maneira bastante rica e questionadora nesse livro. Por meio de imagens fictícias de uma família, tomada como a família da narradora, constroem-se outras famílias, ou poderíamos dizer que são construídas todas as famílias brasileiras de um determinado tempo, visto que a obra toca nossos sentimentos por acabarmos nos (re)conhecendo nas fotos mostradas.

Elaborado como um álbum de retratos de família o livro tem, inclusive, as folhas impressas entremeadas com papel de seda, como nos antigos álbuns de retratos. E as folhas em que se encontram os textos têm cor amarelada, com fotos antigas, sugerindo que ele já está guardado há muito tempo.

A obra é toda montada pela contraposição de texto visual e texto verbal. As imagens descritas remetem também à questão de gênero em nossa sociedade. Além disso, procuram resgatar a estrutura familiar da sociedade brasileira no início do século XX, com papéis bem definidos para o homem e para a mulher.

O livro não é organizado em capítulos, mas com sequenciamento de fotos, ou seja, a sequência temporal se dá pela inserção de imagens que retratam a chegada de novas gerações.

Assim, cria-se a imagem da família por meio do que se vê nas fotos. É importante ressaltar que as fotos mostradas no livro não são de apenas uma família, mas sim de várias pessoas de famílias e épocas distintas. Isso é bastante interessante, pois, para construir a imagem de família, pode-se apenas buscar personagens que caracterizem seu imaginário numa sociedade.

Boas atividades com vários tipos de leitor podem ser descobertas com a sua leitura, desde rodas de leitura até a montagem de um novo livro, com o resgate das histórias de cada um dos alunos.

10.2.6. NICOLA, José de. *Entre Ecos e Outros Trecos*. Ilustrado por Maria Eugênia. São Paulo: Moderna, 2002.

A obra é dividida em cinco partes: "Entre bichos e flores", "Entre nuvens e estrelas", "Entre a bola e a escola", "Entre a arte e o ofício", "Entre ecos e outros trecos". Cada uma começa com um texto visual de página dupla que metaforiza o conjunto de poemas que serão seguidos. Esses poemas, de estrutura sintática e léxica bastante simples, apresentam sonorização muito adequada ao leitor iniciante, pois o ritmo é facilmente apreendido.

Há, em várias passagens, a visão da sociedade sobre o objeto observado e a visão de alguém que contesta, alguém que pode ser uma criança ou um adulto, mas um indivíduo que (re)cria o mundo e não pretende que ele seja concluído, mas propõe uma série de reflexões sobre, principalmente, a estrutura social na qual nos vemos inseridos.

Questiona-se o conteúdo moralizante das fábulas, pois a personagem formiga não apresenta valores tão positivos como os encontrados em textos fabulares do passado, ao contrário, opõe-se as palavras "trabalha" e "atrapalha", além de se duvidar claramente sobre os sentimentos e a apreciação de arte dela.

Entre Ecos e Outros Trecos foi selecionado justamente por falar de imagem, percepção, leitor e, ainda mais, por falar de todos esses elementos sob a ótica do homem atual (criança ou adulto), homem que questiona o passado e procura construir um futuro sobre novas bases de relação com a natureza e com os que o rodeiam.

Leitores em processo poderão construir belas atividades de leitura com a obra, que se constrói basicamente pelas relações intertextuais.

10.2.7. BELINKY, Tatiana. *Diversidade*. Ilustrado por Fernando Luiz. São Paulo: Quinteto, 1999.

Essa obra (como a comentada no capítulo anterior) coloca de maneira marcante a visão questionadora da criança de hoje: procura enfocar uma moralidade menos rígida e uma criança aberta ao mundo por meio da verbalidade/visualidade.

O livro, com maior quantidade de texto visual do que verbal, descreve, na quase totalidade de suas páginas, diferenças entre os seres humanos, seja na aparência, seja na postura de encarar a vida ou manifestar emoções.

São feitas, então, relações de diferença estabelecidas entre feio e bonito, certo e esquisito, magro e gordo, castanho e ruivo, tranquilo e nervoso, birrento e dengoso, ligeiro e lento, preguiçoso e animado, falante e calado, pele clara e pele escura, jovem e idoso etc.

Voltado para leitores iniciantes, já que o texto verbal se mostra bem reduzido e construído com sintaxe e vocabulário fáceis, o livro pode ser apreciado e discutido por todos os tipos de leitor, até o mais crítico, já que a temática e a visualidade lúdicas fazem com que ampliemos a significação dele por meio da inserção de outras discussões mais profundas.

10.2.8. FURNARI, Eva. *O Problema do Clóvis*. 4. ed. São Paulo: Global, 2002.

Um excelente exemplo não só de interação com o leitor, mas de como se faz a construção de textos narrativos, *O Problema do Clóvis* já surpreende no início: as primeiras páginas são completamente brancas, causando estranhamento no leitor.

O motivo de a personagem estar atônita só será revelado em página posterior: houve um problema com o entregador da editora, e as personagens ainda não chegaram para a história começar.

A obra não parece ser muito produtiva para leitores que não conheçam os contos de fada. Mesmo com a maior parte do texto verbal construído com linguagem coloquial e ordem direta, o leitor deve conhecer como são os contos clássicos, e é aí que o humor da obra se efetiva.

Caso o leitor não possua esse interdiscurso, o ludismo e o humor são prejudicados. É importante que isso seja discutido aqui, pois, quando se fala de uma literatura contemporânea para crianças que seja questionadora e portadora de estética elaborada, não se descarta o contato com as origens da literatura mundial e com os contos tradicionais.

Para a criança ter uma postura crítica diante de um texto e das possíveis percepções que ele oferece, é necessário que ela construa uma trajetória de leitura, que construa seu interdiscurso. Rodas de Contação de Histórias, Oficinas de Dramatização e Literatura na Rede são atividades que podem ampliar as possibilidades de interpretação da obra.

10.2.9. GÓES, Lúcia Pimentel. *Ponto por Ponto, Costura Pronta*. Ilustrado por Theo Siqueira. São Paulo: Evoluir, 2003.

Essa história surpreende pela maneira como o aspecto lúdico do texto verbal fornece elementos para o desenvolvimento do texto visual.

A narrativa tem início com a apresentação da agulha e da linha que, conforme relata o texto verbal, serão instrumentos para a costura de uma blusa: a blusa da Gerusa.

A representação da linha não abandona mais o espaço gráfico, transformando-se no fio condutor da narrativa. A parti daí são inseridos, pouco a pouco, novos elementos para que se entenda o percurso da matéria-prima e dos indivíduos que podem fazer parte indiretamente da confecção de uma peça do vestuário.

No âmbito da visualidade, as ilustrações são produzidas de maneira a ressaltar os materiais citados para a construção da blusa.

A construção de histórias coletivas pode ser um bom exercício para descobrir novos horizontes de leitura e ampliação da competência liguística de leitores iniciantes.

10.2.10. CHAMLIAN, Regina. *O Pintinho Que Nasceu Quadrado.* **Ilustrações de Helena Alexandrino. 6. ed., São Paulo: Global, 2007.**

As dificuldades enfrentadas na sociedade para a aceitação das diferenças é o tema central da obra de Chamlian e Alexandrino. Todas as questões de busca pela aceitação e os possíveis preconceitos são trabalhados de maneira sensível e encantadora.

Apropriado à discussão de temas relevantes na sociedade, o livro oferece possibilidades de conversas com leitores iniciantes, e várias atividades podem ser feitas em sala de aula, já que a intertextualidade é um ponto forte na obra.

10.2.11. ZIRALDO. *O Menino Marrom.* **Ilustrações do autor. São Paulo: Melhoramentos, 2005.**

Excelente sugestão para discutir a pluralidade étnica e cultural e adequado às questões propostas pela Lei n. 11.645, esse livro do consagrado escritor Ziraldo aponta delicadas situações na vida social cotidiana.

A diversidade do povo brasileiro pode ser discutida em sala de aula com ótimas atividades de dramatização, de rodas de leitura e, o mais importante, com depoimentos de vivências dos próprios alunos.

É difícil, numa obra de tamanha amplitude como essa, definir qual o tipo de leitor mais indicado; se couber uma sugestão, a mágica com palavras pode ser um bom exercício desde o pré-leitor a conversas na sala de professores.

10.2.12. PIRES, MARCELO. *O Menino Que Queira Ser Celular*. Ilustrações de Roberto Leutert. São Paulo: Melhoramentos, 2007.

A busca constante pelo afeto, principalmente da família, é o tema central deste livro. Numa sociedade imersa em tecnologias e com tempo bastante reduzido para a dedicação aos mais próximos, a obra pode ser um ótimo ponto de partida para a discussão das relações com a família e das carências das crianças no que se refere a cuidado, amizade, companheirismo e segurança.

O Menino Que Queria Ser Celular é um livro muito inovador no que se refere à linguagem visual. Seu leitor busca, em meio a uma ilustração composta de cores vibrantes e números de diversas formas e tamanhos, um traço de humanidade e de carinho. Seu leitor passa a buscar os pais ao lado do protagonista.

Indicado para leitores em processo e para todos os pais e professores, este livro é ótimo para desenvolver atividades de literatura na rede e um eficaz aquecimento para a leitura.

10.2.13. TAVARES, Cris. *Quintais*. Ilustrações de Ana Terra. São Paulo: Salesiana, 2008.

O que é um quintal? De maneira bem sensível, autora e ilustradora mostram que não se trata apenas de um espaço físico, mas de um espaço cultural e emocional.

Com ilustrações bem elaboradas e leitura apropriada para os iniciantes, o livro consegue promover boas discussões sobre brinquedo, brincadeira e a infância em vários tipos de espaço social e geográfico.

Muito indicado para promover a interação de alunos de diferentes culturas e provenientes de espaços urbanos distintos, a obra de Cris Tavares dá margem à troca de experiências sobre a arte de brincar e de ser feliz.

10.2.14. LIMA, Heloísa Pires de. *Histórias da Preta*. Ilustrações de Laurabeatriz. São Paulo: Companhia das Letrinhas, 2006.

Conforme se mencionou anteriormente, não basta escolher um livro cuja temática remeta às Áfricas para que o ensino esteja em consonância com a Lei n. 11.645. Heloísa Pires de Lima é autora de vários livros sobre o tema e o desenvolve com a base de estudiosa e militante que já se apresenta como portadora de uma afro-latinidade.

Boa sugestão para a contação de histórias, mostra o caminhar de uma menina descendente de africanos no Sul do Brasil, suas descobertas, alegrias, questionamentos, e várias narrativas que são acrescentadas no interior da trama.

Além de despertar prazer com a leitura deste livro, o professor pode ser surpreendido com leitores iniciantes e em processo, que podem proporcionar bons momentos de discussão sobre o livro e sobre o tema.

10.2.15. ZIRALDO. *Os Meninos Morenos.* Ilustrações do autor; com versos de Humberto Ak´abal. 2. ed., São Paulo: Melhoramentos, 2005.

Ainda sobre a temática da pluralidade cultural, que tal oferecer aos leitores fluentes essa obra de Ziraldo? Além de um projeto gráfico muito bem elaborado com ilustrações do autor, os versos de Ak´abal trazem para o seu leitor um gostinho da América da qual fazemos parte.

Com esse livro, existe a oportunidade de entender o colorido dos povos sul-americanos e alguns pontos bem semelhantes no modo de sentir o mundo e compreender a forma de relacionamento social e político.

10.2.16. COUTO, Mia. *O Beijo da Palavrinha.* Ilustrações Malangatana. Rio de Janeiro: Língua Geral, 2006.

Já que houve algumas sugestões para o cumprimento da Lei n. 11.645, o escritor Mia Couto parece uma boa ideia. Não apenas por se tratar de um escritor da África e premiadíssimo, mas principalmente porque *O Beijo da Palavrinha* traz para o seu leitor toda a sensibilidade de parte da cultura daquele continente e, com isso, pode-se tomar contato com um pouco da construção da cultura nacional.

Texto verbal e texto visual trazem não apenas elementos culturais importantes para a formação do aluno, mas também sensibilidade e muita arte, objetivo primeiro de se oferecer um texto literário para a criança já no início de seu letramento.

10.2.17. DONATO, Hernâni. *Contos dos Meninos Índios*. Ilustrações de Olavo Silveira Pereira. São Paulo: Melhoramentos, 2006.

Os educadores devem ter em mente que a Lei n. 11.645, já bastante citada aqui, traz também a necessidade de trabalho com as culturas indígenas do Brasil. Muitos são os povos indígenas no território nacional; por isso, a dificuldade de escolher, entre várias manifestações de cultura, aquela que pode contribuir de maneira mais proveitosa.

Hernâni Donato é pesquisador e autor reconhecido nesse assunto, possui vários títulos sobre o tema, todos de qualidade inquestionável. *Contos dos Meninos Índios* foi selecionado por trazer de maneira ampla alguns elementos importantes para ser trabalhado com os alunos do ensino fundamental, tais como as relações na comunidade e alguns saberes que, de certo modo, podem despertar a curiosidade de seus leitores para adentrarem esse universo cultural.

Como atividade, as rodas de contação de histórias podem ampliar os horizontes de contato com essas culturas.

10.2.18. GABRIEL, O Pensador. *Um Garoto Chamado Rorbeto*. São Paulo: Cosac Naify, 2005.

Vencedor do Prêmio Jabuti de 2006, o livro de Gabriel, o Pensador pode ser uma boa forma de início de diálogo com os leitores fluentes a partir do 6.º ano do ensino fundamental.

Um Garoto Chamado Rorbeto possui grande amplitude histórica no seu diálogo com crianças e jovens pertencentes a populações excluídas socialmente.

O caráter universalizante das imagens construídas pelo texto pode ser constatado no que se refere à temática da obra, já que o livro discute a exclusão e maneiras de superá-la, bem como no plano da sua linguagem verbal, uma vez que o narrador busca no *Rap* – ritmo musical extremamente popular – seu grande diferencial para a produção do texto.

Toda essa imersão na cultura Hip Hop, além de conferir ao texto uma nova possibilidade de ritmo e sonoridade, aproxima-se de grande parte dos jovens dessa fase da vida.

11. BIBLIOGRAFIA

ANDRADE, Tales de. *Saudade*. São Paulo: Companhia Editora Nacional, 2002.

ARIÈS, Philippe. *História Social da Criança e da Família*. 2. ed. Rio de Janeiro: LTC, 1986.

ARROYO, Leonardo. *Literatura Infantil Brasileira*. São Paulo: Melhoramentos, 1988.

BANDEIRA, Pedro. *É Proibido Miar*. 21. ed., São Paulo: Moderna, 1983.

BELINKY, Tatiana. *Diversidade*. Ilustrado por Fernando Luiz. São Paulo: Quinteto, 1999.

BETTELHEIM, Bruno. *Psicanálise dos Contos de Fada*. Rio de Janeiro: Paz e Terra, 1978.

BORDINI, Maria da Glória. *Poesia Infantil*. São Paulo: Ática, 1986.

BOSI, Alfredo. *O Ser e o Tempo na Poesia*. 6. ed., São Paulo: Cia. das Letras, 2000.

_____. *Reflexões sobre a Arte*. São Paulo: Ática, 2004.

Brasil. Secretaria de Educação Fundamental. *Parâmetros Curriculares Nacionais: Terceiro e quarto ciclos do ensino fundamental: Língua portuguesa*. Brasília: MEC-SEF, 1998.

Brasil. Secretaria de Educação Fundamental. *Parâmetros Curriculares Nacionais: Terceiro e quarto ciclos: Apresentação dos temas transversais*. Brasília: MEC-SEF, 1998.

BUARQUE, Chico. *Chapeuzinho Amarelo*. Ilustrado por Ziraldo. Rio de Janeiro: José Olympio, 2003.
CAMARGO, Luís. *Ilustração do Livro Infantil*. Belo Horizonte: Lê, 1995.
CÂNDIDO, Antonio. *Estudo Analítico do Poema*. 4. ed., São Paulo: Humanitas, 2004.
_____. *Literatura e Sociedade*. São Paulo: T. A. Queiroz-Publifolha, 2000.
_____. *Formação da Literatura Brasileira. Momentos decisivos*. Belo Horizonte: Itatiaia, 2000.
CARVALHO, Bárbara Vasconcelos de. *A Literatura Infantil*. São Paulo: Global, 1984.
CEREJA, William Roberto. *Ensino de Literatura: Uma proposta dialógica para o trabalho com literatura*. São Paulo: Atual, 2005.
CHAMLIAN, Regina. *O Pintinho Que Nasceu Quadrado*. Ilustrações de Helena Alexandrino. 6. ed., São Paulo: Global, 2007.
CHARTIER, Roger. *A Aventura do Livro: Do leitor ao navegador*. São Paulo: Editora da Unesp / Imprensa Oficial do Estado de São Paulo, 1999.
COELHO, Nelly Novaes. *A Literatura Infantil*. São Paulo: Moderna, 2000.
_____. *Dicionário Crítico da Literatura Infantil Brasileira*. São Paulo: Edusp, 1995.
_____. *Panorama Histórico da Literatura Infantil e Juvenil*. São Paulo: Ática, 1991.
_____. *O Conto de Fadas: Símbolos, mitos, arquétipos*. São Paulo: DCL, 2003.

CORRÊA, Viriato. *Cazuza*. São Paulo: Companhia Editora Nacional, 1999.

COUTO, Mia. *O Beijo da Palavrinha*. Ilustrações Malangatana. Rio de Janeiro: Língua Geral, 2006.

CUNHA, Maria Antonieta Antunes. *Literatura Infantil: Teoria e prática*. São Paulo: Ática, 1983.

CUNHA, Maria Zilda da. Entre Livros e Telas – A narrativa para crianças e jovens: saberes sensíveis e olhares críticos. *Revista Via Atlântica* n. 14. São Paulo: FFLCH-USP, 2009.

DE AMICIS, Edmundo. *Coração*. São Paulo: Hemus, s.d.

DINORAH, Maria. *O Livro na Sala de Aula*. Porto Alegre: LP&M, 1987.

DONATO, Hernâni. *Contos dos Meninos Índios*. Ilustrações de Olavo Silveira Pereira. São Paulo: Melhoramentos, 2006.

EVANGELISTA, Aracy Alves. M. (org.). *A Escolarização da Leitura Literária: O jogo do livro infantil e juvenil*. Belo Horizonte: Autêntica, 2003.

FREIRE, Paulo. *Educação e Mudança*. Tradução de Moacir Gadotti e Lílian Lopes Martin. Rio de Janeiro: Paz e Terra, 1979.

FREITAS, Marcos Cezar de (org.). *História Social da Infância no Brasil*. São Paulo: Cortez, 2006.

FERRARA, Lucrecia de A. *Leitura Sem Palavras*. São Paulo: Ática, 1986.

FURNARI, Eva. *O Problema do Clóvis*. 4. ed. São Paulo: Global, 2002.

GABRIEL, o Pensador. *Um Garoto Chamado Rorbeto*. São Paulo: Cosac Naify, 2005.

GADOTTI, Moacir. *História das Ideias Pedagógicas*. São Paulo: Ática, 2003.

GÓES, Lúcia Pimentel. *Ponto por Ponto, Costura Pronta*. Ilustrado por Theo Siqueira. São Paulo: Evoluir, 2003.

_____. Lúcia Pimentel. *A Aventura da Literatura para Crianças*. São Paulo: Melhoramentos, 1991.

_____. *Olhar de Descoberta*. São Paulo: Paulinas, 2004.

GREGORIN FILHO, José Nicolau. *A Roupa Infantil da Literatura*. Araraquara, 1995. Dissertação de mestrado apresentada à FCL-Unesp.

_____. *Figurativização e Imaginário Cultural*. Araraquara, 2002. Tese de doutorado apresentada à FCL-Unesp.

_____. Literatura Infantil Brasileira: Da colonização à busca da identidade. *Revista Via Atlântica no. 9*. São Paulo: FFLCH-USP, 2007.

_____. Literatura Infantil Brasileira: Panorama de linhas investigativas. *Revista Via Atlântica n. 14*. São Paulo: FFLCH-USP, 2007.

GREIMAS, A. J. e COURTÉS, J. *Dicionário de Semiótica*. São Paulo: Cultrix, 1979.

HAUSER, A. *The Social History of Art*. New York: Vintage Books, 1975.

HELD, Jacqueline. *O Imaginário no Poder.* Tradução de Carlos Rizzi, São Paulo: Summus Editorial, 1980.

JESUALDO, J. *A Literatura Infantil.* São Paulo: Cultrix/USP, 1978.

JOLLES, André. *As Formas Simples.* Tradução de Álvaro Cabral. São Paulo: Cultrix, 1976.

JOUVE, Vincent. *A Leitura.* Tradução de Brigitte Hervor. São Paulo: Editora da Unesp, 2002.

KHEDE, Sônia Salomão (org.). *Literatura infanto-juvenil: Um gênero polêmico.* Petrópolis, Rio de Janeiro: Vozes, 1983.

LAJOLO Marisa. *Usos e Abusos da Literatura na Escola.* Rio de Janeiro: Globo, 2002.

LAJOLO, Marisa e ZILBERMAN, Regina. *Literatura Infantil Brasileira.* São Paulo: Ática, 2002.

LIMA, Heloísa Pires de. *Histórias da Preta.* Ilustrações de Laurabeatriz. São Paulo: Companhia das Letrinhas, 2006.

MENDES, Maria dos Prazeres Santos. *Monteiro Lobato, Clarice Lispector e Lygia B. Nunes: O estético em diálogo na literatura infantojuvenil.* São Paulo, 1994. Tese de Doutorado apresentada à Faculdade de Comunicação e Semiótica – PUC-SP.

MURRAY, Roseana K. *Retratos.* Belo Horizonte: Miguilim, 1997.

NARDI, Roberta Galasso, LOPES, Márcia Cristina e HANSEN, João Henrique (orgs.). *Identidade*

Docente: Uma construção entre saberes e práticas. São Paulo: Centro Universitário São Camilo, 2007.

NICOLA, José de. *Entre Ecos e Outros Trecos*. Ilustrado por Maria Eugênia. São Paulo: Moderna, 2002.

MORAES, Antonieta Dias de. *Reflexos da Violência na Literatura Infantojuvenil*. São Paulo: Letras e Letras, 1991.

PALO, Maria José e OLIVEIRA, M. Rosa. *Literatura Infantil*. São Paulo: Ática, 1986.

PERROTTI, Edmir. *O Texto Sedutor na Literatura Infantil*. São Paulo: Ícone, 1986.

PIRES, MARCELO. *O Menino Que Queira Ser Celular*. Ilustrações de Roberto Leutert. São Paulo: Melhoramentos, 2007.

PONDÉ, Maria da Glória. *Arte de Fazer Artes*. Rio de Janeiro: Nórdica, 1985.

RESENDE, Vânia. *Relatos de uma Experiência na Escola*. Belo Horizonte: Comunicação, 1983.

ROCCO, Maria Tereza Fraga. *Crise na Linguagem*. São Paulo: Mestre Jou, 1981.

ROCHA, Ruth. *O Menino Que Aprendeu a Ver*. 4. ed., São Paulo: Quinteto, s.d.

RODARI, Giani. *Gramática da Fantasia*. São Paulo: Summus, 1982.

ROSEMBERG. Fúlvia. *Literatura Infantil e Ideologia*. São Paulo: Global, 1984.

SANDRONI, Laura. *De Lobato a Bojunga: As reinações renovadas*. Rio de Janeiro: Agir, 1987.

SANTAELLA, Lúcia. & NÖTH, Winfried. *Imagem, Cognição, Semiótica, Mídia*. São Paulo: Iluminuras, 2005.

SANT'ANNA, Afonso R. *Paródia, Paráfrase e Cia.* São Paulo: Ática, 2001.

SECCO, Carmen Lúcia Tindó (org.). *Entre Fábulas e Alegorias. Ensaios sobre literatura infantil de Angola e Moçambique*. Rio de Janeiro: Quartet-UFRJ, Centro de Letras e Artes, 2007.

SORIANO, Marc. *Guide de la Literature pour la Jeunesse*. Paris: Flamarion, 1975.

SOUZA, Ângela Leite de. *Contos de Fada: Grimm e a literatura oral no Brasil*. Belo Horizonte: Lê, 1999.

SOUZA, Celeste H. M. Ribeiro de. *Do Cá e do Lá: Introdução à imagologia*. São Paulo: Humanitas, 2004.

TAVARES, Cris. *Quintais*. Ilustrações de Ana Terra. São Paulo: Salesiana, 2008.

TELLES, Carlos Queiroz. *Abobrinha Quando Cresce...* São Paulo: Moderna, 1993.

VALE, Fernando Marques do. *A Obra Infantil de Monteiro Lobato. Inovações e repercussões*. Lisboa: Portugalmundo, 1994.

VON FRANZ, Marie-Louise. *A Sombra e o Mal nos Contos de Fada*. São Paulo: Paulinas, 1985.

_____. *A Interpretação dos Contos de Fada*. São Paulo: Paulus, 1990.

WORNICOV, Ruth et al. *Criança, Leitura, Livro*. São Paulo: Nobel, 1986.

YUNES, Eliana e PONDÉ, M. da Glória. *Leitura e Leituras da Literatura Infantil*. São Paulo: FTD, 1988.

ZILBERMAN, Regina (org.). *Leitura em Crise na Escola*. Porto Alegre: Mercado Aberto, 1982.

_____. *Personagens da Literatura Infantojuvenil*. São Paulo: Ática, 1986.

ZIRALDO. *O Menino Marrom*. Ilustrações do autor. São Paulo: Melhoramentos, 2005.

_____. *Os Meninos Morenos*. Ilustrações do autor; com versos de Humberto Ak'abal. 2. ed., São Paulo: Melhoramentos, 2005.

_____. *O Menino Mais Bonito do Mundo*. Ilustrado por Sami Mattar e Apoena Medina. São Paulo: Melhoramentos, 1989.